Georg Friedrich Unger

Die römische Stadtaera

Georg Friedrich Unger

Die römische Stadtaera

ISBN/EAN: 9783744671149

Hergestellt in Europa, USA, Kanada, Australien, Japan

Cover: Foto ©ninafisch / pixelio.de

Weitere Bücher finden Sie auf **www.hansebooks.com**

Die

römische Stadtaera.

Von

Georg Friedrich Unger.

Aus den Abhandlungen der k. bayer. Akademie der Wiss. I. Cl. XV. Bd. I. Abth.

München 1879.
Verlag der k. Akademie,
in Commission bei G. Franz.
Akademische Buchdruckerei von F. Straub.

Die römische Stadtaera.

Von
Georg Friedrich Unger.

Die römische Stadtaera, von deren einzelnen Spielarten die von Varro auf Gleichung des J. 1 mit 753 v. Chr. gegründete gegenwärtig allgemein angewendet wird, zerfällt in drei ihrem Werthe nach verschiedene Abtheilungen. Die erste, Jahr 1—244, ist rein mythisch, zusammengesetzt aus erdichteten Jahrzahlen der sieben Könige. Die zweite, J. 245—472, ist ächt, jedoch zeitlich unsicher; sie beruht auf der Zählung von Consuln und anderen jährigen Oberbeamten, aber von den Consulaten (unter welcher Benennung wir der Kürze wegen auch die Regierungen von Consulartribunen, Decemvirn und andern Trägern der Jahrdatirung mitbegreifen) sind viele durch vorzeitigen Abgang der Beamten in ihrer Dauer beeinträchtigt worden, so dass die Zeit dieser 228 Consulate der von 228 wirklichen Jahren nicht gleichkommt. Gesichert und des Namens einer Aera würdig ist die römische Jahrrechnung vom J. 473 an, in welchem Rom durch den Pyrrhoskrieg in bleibende Beziehungen zu griechischen, einer geordneten und uns bekannten Zeitrechnung sich erfreuenden Staaten tritt; doch beginnt die vollständige Uebereinstimmung der Stadtjahre mit unseren vorchristlichen erst 601 mit der Fixirung des früher oft geänderten Amtsneujahres auf den 1. Januar. ja, noch genauer genommen, erst mit der Einführung des julianischen Kalenders.

Hauptzweck vorliegender Arbeit ist, die wahre Zeit der unsicheren mittleren Periode zu erforschen. Der gegenwärtig herrschenden Ansicht zufolge wäre solches Beginnen für das Ganze unnöthig und im Einzelnen unmöglich: man glaubt, dass der durch die Jahrverkürzungen herbeigeführte Zeitverlust aufgewogen oder vielmehr überboten wird durch einen Zeitüberschuss, welchen die Einlage vieler Interregna hervorgebracht haben soll, und nimmt die Wirksamkeit einer künstlichen Fastenredaction an, welche einen durch die Verkürzungen nicht gedeckten Mehrbetrag von im Ganzen neun Jahren mittelst Interpolation von ebensoviel Fülljahren zwischen 378 und 454 untergebracht habe. Die Unrichtigkeit dieser Ansicht wird Capitel I darthun und die hieraus sich ergebenden Consequenzen Capitel IV ziehen, in welchem unter Benützung und Ausbeutung der zu chronologischen Zwecken (die augenfälligsten Angaben abgerechnet) bis jetzt noch sehr wenig untersuchten annalistischen Ueberlieferung die Reduction der Stadtjahre auf ihre wahre Zeit, so weit das überhaupt möglich ist, angestrebt werden soll; Bestätigungen werden die Gleichzeitigkeiten des II. und die Autoritäten des III. Capitels an die Hand geben.

Um den hartnäckigen Widerstand zu überwinden, welchen der jetzt herrschenden Ansicht die alte Ueberlieferung an vielen Orten entgegensetzt, muss unter andern eine Reihe von complicirten chronologischen und künstlichen staatsrechtlichen Theorien aufgestellt, die Existenz oder Glaubwürdigkeit der Leinwandbücher, in welche von Jahr zu Jahr die Geschichte der römischen Aemter eingetragen wurde, angefochten, der dürftige Rest von Bruchstücken des Cincius einem gleichnamigen Antiquar der augusteischen Zeit zugeschrieben und Licinius Macer für einen Lügner und Fälscher erklärt werden; obwohl gerade die chronologischen Notizen der Annalisten die grösste Wahrscheinlichkeit der Abkunft aus gleichzeitigen amtlichen Aufzeichnungen für sich und wegen ihrer Trockenheit am wenigsten Verdacht einer Entstehung durch Ausschmückung und Erfindung gegen sich haben. Ueberdies werden die aus dem Studium der Annalen zu gewinnenden Erhebungen über die Epochen des consularischen und des Volkstribunenjahres eine Uebereinstimmung ihrer einzelnen Angaben unter sich und mit den Triumphdaten zu Tage fördern, welche durch Erdichtungen hervorzubringen auch dem genialsten Fälscher unmöglich gewesen sein würde.

I. Die Interregna.

Die Grundlage der bisherigen Behandlung der römischen Jahrrechnung bildet die Ansicht, dass die in einem Interregnum ernannten Jahresbeamten ebenso gut ein volles Jahr regiert haben wie die rechtzeitig, d. i. von den Oberbeamten des Vorjahres gewählten. Das Interregnum,

darüber ist man einig, bildete eine Zeit für sich, welche weder dem Jahre
der vorausgegangenen noch dem der nachfolgenden Consuln eingerechnet
ward, so dass man in den Consularfasten auch die Interregna mit verzeichnet zu sehen erwarten sollte und das Fehlen derselben von Mommsen
Chronol. p. 197 (vgl. Staatsr. I 577) in der That aus principieller Besei-
tigung durch die Fastenredaction erklärt wird. In methodischer Beziehung charakteristisch ist, dass, so sicher diese Ansicht auch überall
auftritt, doch von den Neueren Niemand auch nur den Versuch gemacht
hat, den Beweis ihrer Richtigkeit anzutreten; dieselbe wird überall als
gewissermassen selbstverständlich vorausgesetzt; ein Satz, auf dessen Grund
ein ganzes Gebäude aufgeführt wird, erfährt nirgends auch nur die geringste Begründung. Der einzige Niebuhr hat seinerzeit eine solche versucht (Gesch. I 294); sie ist schwach genug ausgefallen. Wenn den neuen
Consuln die vor ihnen im Interregnum verbrachte Zeit an ihrem Jahre
abgerechnet worden wäre, so hätte man ihnen ja, meint er, nicht gehalten,
was die Formel ihrer Wahl versprach: ut qui optimo iure facti sint.
Woher weiss denn aber Niebuhr, dass den im Interregnum bestellten
Consuln diese Formel ertheilt worden ist? Man kann sie in diesem Falle
ebenso gut weggelassen haben, wie das bei der Wahl des Dictators nach
der Einführung des Provocationsrechtes gegen ihn geschehen ist (Festus
p. 198). Ueber die Anwendung der Formel auf die Consuln verlautet
in unsern Quellen gar nichts Näheres, es ist daher sogar der Fall denkbar, dass nach der Abtrennung der Censur und Praetur sie ganz in Wegfall
kam; und in Betreff der zeitlichen Bedeutung derselben war die Verkürzung des neuen Collegiums bei einem gewöhnlichen Interregnum von
8—10 Tagen so geringfügig, dass sie kaum in Betracht kommen konnte,
um so mehr als die sollenne Antrittsepoche allzeit nur auf einen Kalenden-
oder Identag fiel.

Die Niebuhrsche Begründung ist von den Späteren nicht in Anwendung gebracht worden; ob unabsichtlich oder wegen ihrer augenfälligen
Schwäche, steht dahin. Was aber bei dem gänzlichen Fehlen principiell
entscheidender Zeugnisse hätte geschehen sollen, das liegt auf der Hand:
es mussten Einzelfälle aufgesucht werden, welche über die zeitliche Behandlung des Interregnum Aufschluss geben. Eine Untersuchung dieser
Art würde zu dem Ergebniss geführt haben, dass es keinen einzigen Fall

gibt, in welchem die vom Interrex bestellten Consuln am Jahrestage ihres Amtsantritts abtreten und in Folge des Interregnums die sollenne Antrittsepoche sich auf einen spätern Kalenden- oder Identag verschiebt;[1]) vielmehr lehren alle zeitlich instructiven Beispiele, dass der Amtsjahrwechsel der nach einem Interregnum folgenden Consulate auf den sollenen Monatstag fällt, zu welchem das letzte Collegium vor dem Interregnum abgegangen und letzteres eingetreten war. **Das Interregnum bildet einen Theil des nächsten Consulnjahrs**, und zwar den Anfang desselben; die neuen Consuln regieren um so viel Tage weniger als das Interregnum gedauert hat, und der Antrittstermin wird durch dieses gar nicht geändert. Was zu einer Aenderung desselben führt, ist nur die vorzeitige Abdankung der Consuln, welche vielen Interregnen vorausgeht und solche herbeigeführt hat; diese Aenderung wirkt daher jederzeit verfrühend, nie verspätend auf die sollenne Antrittsepoche der Jahresbeamten. Von 305—352 d. St. steht dieselbe unverrückt auf dem 13. December (Mommsen Chronol. p. 92); und doch hatte das J. 341 mit einem gewöhnlichen Interregnum, 334 mit einer mehr als halbjährigen, nur zum Theil von Interregnen unterbrochenen Aemtervacanz begonnen. Von 532 bis 600 d. St. treten die Consuln am 15. März an, obgleich nach Ablauf der J. 537 und 552 Interregnen eingetreten waren. Wie wenig haltbar die zur Entkräftung oder Umdeutung dieser Thatsachen vorgebrachten Gründe sind, wird sich später zeigen; warum das Interregnum von 341 den Antrittstag nicht verschob, gesteht Mommsen Chronol. p. 98 selbst nicht ausmachen zu können. Es sind aber noch andere von unsern Vorgängern gar nicht beachtete Beispiele vorhanden, welche ebenfalls gegen sie sprechen. Das J. 291 begann am 1. August (Liv. III 6): beide Consuln starben vor Ablauf des Jahres an einer Seuche; nach einem Interregnum traten die neuen Consuln am dritten Tag des letzten Interrex, dem 11. August an (Liv. III 8). Dieser Fall zeigt zunächst, wie Mommsen Staatsr. I 573 bemerkt, dass der Antritt der in einem Interregnum gewählten Consuln auch an einem nicht sollenen Monatstag stattfinden durfte; die Amtsübernahme ihrer Nachfolger konnte sich also nach diesem nicht richten. Man könnte nun glauben, die Consuln der folgenden Jahre wären am

---

1) Ueber den dahin gedeuteten Fall des J. 273 s. Cap. IV; auf welchen hier wegen der einzelnen oben erwähnten Beispiele ein für allemal verwiesen werden muss.

13. oder 1. August ins Amt getreten; die Antrittsepoche derselben ist aber der 1. oder 13. Juni; sie ist verfrüht, weil das J. 291 vor der Zeit und eben im Juni geendigt hatte. — Die Consuln von 425 traten am 1. Juli an (Liv. VIII 20), ebenso ohne Zweifel auch die von 426 und 427. Letzteres Jahr ging zu Ende, ohne dass die Wahlen zu Stande gekommen waren. Die 14 Interregen, welche jetzt auf einander folgten, haben, da keiner über fünf Tage regieren durfte, 68—70 Tage den Staat verwaltet; es sind also die neuen Consuln des J. 429 am 8., 9. oder 10. September in's Amt getreten und die sollenne Epoche müsste von 429 ab der herkömmlichen Lehre entsprechend der 1. oder 13. September gewesen sein; am Anfang dieses Jahres standen aber noch die Saaten auf dem Felde (Liv. VIII 29, 11); also bestand noch der alte Amtstermin, 1. Juli, in Kraft und das Interregnum hat trotz seiner langen Dauer an ihm nichts geändert. Andere Fälle dieser Art, eine Zwischenregierung von acht Interregen nach Ablauf des J. 398, eine von elf nach 401 und ein gewöhnliches Interregnum nach 402, welche keine Aenderung hervorbrachten, s. in Cap. IV.[1])

Die meisten Interregna, d. i. die gewöhnlichen von je zwei Statthaltern nach einander, konnten schon an sich keine Veränderung im Antrittstag der Jahresbeamten hervorbringen. Dieser war, wie Dodwell aus den vorhandenen Daten geschlossen und Mommsen Staatsr. I 574 so gut wie erwiesen hat, in der Regel (d. h. wenn nicht ein Interregnum vorausgegangen war, in welchem Falle sofort [2]) nach der Wahl angetreten wurde) der Anfang eines Monats oder Halbmonats, ein Kalenden- oder Identag; wenn also nach vollem Ablauf des alten Jahres der zweite Statthalter die Wahl zu Stande brachte, so war, da der erste an den Kalenden oder Iden die Verwesung übernommen hatte, nach diesen 8—10 Tagen der nächste Iden- oder Kalendentag noch nicht erreicht: denn die Frist bis dahin dauerte 12—17 Tage. Auf welchen sollennen Monatstag, ob auf den der Wahl und Consulatsübernahme vorausgegangenen, welcher bisher Epoche gewesen oder auf den nächst folgenden der Anfang des

---

1) Dieselbe zeitliche Behandlung wie das Interregnum geniessen die Consulate, welche wegen fehlerhafter Wahl niedergelegt werden (310 361 592), und das (die Wahlleitung ausgenommen) bloss pro forma bekleidete am Anfang von 303.

2) Wiewohl nicht immer am Tage der Wahl. Gegen diese Angabe unserer Handbücher spricht Liv. IX 8 quo creati sunt die, eo — sie enim placuerat patribus — magistratum inierunt.

darauf folgenden Jahres gestellt wurde, hat Mommsen a. a. O. nicht angegeben; offenbar wurde aber die alte Epoche beibehalten; sonst hätten ja die im Interregnum gewählten Consuln über ein Jahr regiert. Das wäre nicht geduldet und (ohne Umsturz) nicht möglich gewesen: weil in Rom wie überall im Alterthum der Bestand des Freistaats von unerbittlich strenger Durchführung des Princips, auch nicht die geringste Ueberhebung eines Einzelnen über Mitbürger zu dulden, abhängig schien; und weil, auch wenn man einmal in dieser Beziehung hätte durch die Finger sehen wollen, das Auspicium, der Verkehr mit dem Himmel und damit der göttliche Segen nur auf ein Jahr verliehen, jede weitere Amtshandlung also staatsgefährlich war. Waren die alten Consuln zum 1. Juli abgegangen und die nächsten, vom Interrex gewählten am 9., 10. oder 11. Juli ins Amt getreten, so durften sie nicht bis zum 15. Juli des nächsten Jahres regieren; die Epoche ihrer Nachfolger wurde also wieder der 1. Juli und man erkennt hieraus, dass sämmtliche Interregna von zwei Verwesern keinen Zeitüberschuss erzeugt haben können. Dass auch die längeren Interregna keine Verschiebung der Antrittsepoche auf einen späteren Termin herbeigeführt haben, ist oben bereits gezeigt worden; die dort angeführten Beispiele sind gerade die längsten Verwesungen, welche die römische Geschichte kennt; für die noch übrigen mittlerer Dauer folgt, was für die längeren gilt, und auf alle wird im IV. Capitel noch besonders Rücksicht genommen werden.

Dieses Ergebniss, die Gleichgültigkeit der Regierungsverwesung für die sollenne Antrittsepoche der Jahresbeamten hätte längst erkannt werden müssen, wenn Jemand sich die Mühe genommen hätte, diese Frage an der Quelle zu studiren; man glaubte sie aber schon im Voraus gelöst durch eine Erwägung anderer Art. Der Ansicht, dass die Interregnen eine selbständige, zwischen je zwei geschlossenen Amtsjahren in der Mitte und ausserhalb jedes einzelnen liegende Zeit darstellen, hat ihren Grund lediglich in dem Umstand, dass die römische Aera vier Jahre nennt und als Jahre rechnet, in welchen bloss Dictatoren regiert haben, und fünf (oder auch vier) andere auf eine Anarchie rechnet, welche man für so lange Zeit unmöglich findet. Diese neun (oder acht) Jahre schienen Niebuhr und allen Späteren so evident das Werk einer Interpolation, natürlich einer gutgemeinten, also einer künstlichen Fastenredaction zu sein, dass es sich nur noch darum handeln konnte, das Motiv derselben nachzuweisen; dies aber fand man, da ja gleich am Anfang der römischen Geschichte eine Reichsverwesung auftritt, welche den Ueberschuss eines Jahres zwischen Romulus und Numa erzeugt, gleichsam von selbst in den Interregnen: die zwei ersten Jahrhunderte der Republik müssen durch Interregna so viel überschüssige, in den Consulnjahren nicht verrechnete Zeit angesammelt haben, dass sich daraus jene acht oder neun Jahre herstellen liessen, welche dann durch Abtrennung einiger Dictaturen von ihrem Consulat und durch unmässige Anfblähung einer vielleicht mehrmonatlichen Anarchie mit einem Scheininhalt erfüllt und (nach varronischer Zählung) als Nr. 379 —383; 421; 430; 445; 453 in die Reihe der Stadtjahre eingestellt worden seien.

Nachdem einmal eine künstliche Redaction der Consulnliste angenommen war, welche mit solcher Interpolation die ursprüngliche und wahre Zeit der römischen Geschichte zwar im Einzelnen noch mehr entstellte als dies vorher der Fall gewesen, sie aber dafür im Ganzen wiederherstellte, mussten nun auch die Mittel nachgewiesen werden, welche die Zeitordner zu ihrem Zwecke benützen konnten, d. i. die chronologischen Quellen, welche ihnen ausser dem Vorhandensein auch das Mass der Ausdehnung des Fehlers verriethen. Diese glaubte Niebuhr in der vorhandenen Zählung von Lustra und Saecula zu erkennen. Es hat sich aber durch neuere Forschungen, welche Mommsen zum Abschluss brachte, ergeben, dass die angeblich alle hundert Jahre erneuten Saecularspiele auf einer von Valerius Antias verbreiteten Erfindung beruhen und dass die ebenso angeblich alle 110 Jahre gefeierten einer gleichen, im Interesse der Saecularspiele des Augustus angestellten Fiction ihr Dasein verdanken; in Betreff der Censorenlustra aber sind schon die Alten in Zweifel gewesen, ob man sie zu vier oder zu fünf Jahre berechnen solle, und in neuester Zeit ist, da v. Boor dreijährige Lustra nachgewiesen hat und ausserdem auch mehr als fünfjährige Lustralfristen vorkommen, die thatsächliche Regellosigkeit derselben allseitig anerkannt.[1]) Um einen Ersatz zu schaffen, hat Mommsen Chronol p. 176 ff. die Ansicht aufgestellt, dass der zur Sicherung der Jahrrechnung eingerichtete Einschlag eines Nagels am capitolinischen Heiligthum nicht, wie die Alten einstimmig angeben, alljährlich sondern von Jahrhundert zu Jahrhundert vollzogen worden sei, was sich für 292, 391 und 491 nachweisen lasse. Demnach hätten die interpolirten Jahre 379—383 den Ersatz der von 292—391 unverrechnet gebliebenen Interregnenzeit gebildet und die Dictatorjahre 421 430 445 453 entsprächen dem von 391—491 durch Verwesungen erzeugten Zeitüberschuss, und da durch zwei Synchronismen, nämlich durch die Sonnenfinsterniss vom 21. Juni 400 v. Chr. welche Cicero in das Stadtjahr 350 (varr. 351 = 401|0 v. Chr.) verlege, und durch das Jahr der Alliaschlacht, 364 varr. = Ol. 98, 1. 388/7 v. Chr., die Abweichung der römischen Aera für jene Zeit auf einen Betrag von zwei Jahren bestimmt werde, so dürfe man nur, um die wahre Zeit im Ungefähren wiederherzustellen, von den fünf Anarchiejahren zwei an einer früheren Stelle des treffenden Nagelsaeculum, z. B. zwischen 350 und 351 einschieben (Chronol. p. 206); im Ganzen und Grossen aber stelle sich die römische Jahrrechnung als zutreffend und verlässig heraus. Dem entgegen habe ich im Philo-

---

1) Vgl. Mommsen, Staatsr. II 331.

logus XXXII 531 ff. die Richtigkeit der alten Ueberlieferung von der Jährigkeit des Nagelschlags mit Gründen vertheidigt, welche bis jetzt keinen Widerspruch wohl aber bei Lange und Büdinger in Bursians Jahresb. f. 1873 Zustimmung gefunden haben. Der angebliche Zeitüberschuss, welchen die Interregna erzeugt haben sollen, müsste weit über zehn Jahre ausgemacht haben, nämlich den Betrag der 9 sog. Fülljahre und den der vielen Consulataverkürzungen; in Wirklichkeit aber lässt sich die Gesammtdauer der Interregnen bis zur Zeit der gesicherten Chronologie auch unter den günstigsten Voraussetzungen nicht einmal auf zwei ganze Jahre berechnen.

Von den zweihundert Jahren 292—491 sind in der ersten Dekade des Livius, welche bei 461 d. St. schliesst, 169 beschrieben; zieht man die 9 sog. Fülljahre und die 46 bei gleicher Amtsepoche von 305—351 d. St. verlaufenen ab, so verbleiben 114, welche nach einem Interregnum begonnen haben können. Bei 48 von diesen ersehen wir aus Livius, dass die Wahlen rechtzeitig im Vorjahr besorgt worden waren, während zu 51 andern[1]) keine Andeutung darüber vorhanden ist; 15 beginnen mit einem Interregnum. Jedes Interregnum war ein Ereigniss von Wichtigkeit, das den Geschichtschreiber interessirte: es musste ein bedeutender Umstand, z. B. ein schwerer Krieg, der beide Consuln fernhielt, oder heftiger Parteikampf eingetreten sein, wenn die Wahlen versäumt werden konnten. Die Annalisten wussten das sehr wohl, sie mussten es wissen und beachten, weil noch zu ihrer Zeit solche Störungen vorkamen; daher findet es Livius befremdlich, wenn bei einem Interregnum nicht die Ursache desselben gemeldet wird: X 11 eo anno, nec traditur causa, res ad interregnum rediit, und macht sich Gedanken darüber (welche auch das Richtige treffen) VII 28 res haud insigni ad memoriam causa interregnum rediit; eo interregno, ut id actum videri posset, ambo patricii creati sunt. Wenn wir daher unter 114 Consulaten 15 durch Interregnum eingeleitete finden, so scheint das für diese ausserordentlichen Fälle gerade genug zu sein und ist um so weniger anzunehmen, dass unter den 51 nicht näher bekannten sich viele im Interregnum begonnene befunden haben, als ja die Erwähnung der Wahlen nicht zu den ständigen Notizen der Jahresbeschreibungen gehört sondern nur dann nöthig befunden wird, wenn sie ein besonderes Interesse darboten.

Berechnen wir die Gesammtdauer der angegebenen Interregna und zwar zu ihrem oft nicht erreichten Maximum, d. i. so dass auch der letzte in jeder Interregnenreihe seine volle Zeit von fünf Tagen regiert hat, so erhalten wir für die vierzehn Interregna vor 428, für die elf am Anfang von 402, acht von 399, fünf von 422, d. St., je drei von 358 363 367 und je zwei von 365 403 414 434 456, also im Ganzen für 57 Interregna 285 Tage. Nicht angegeben ist die Zahl der Statthalter vor 305 384 411 454, aber eben deswegen wahrscheinlich, dass nur zwei gewesen sind; dies ist auch aus andern Gründen zu vermuthen: denn zu Anfang von 305

---

[1]) Es sind die Jahre 293 301 302 356 359 368 369 371 372 376 389—398 407—416 418 423 425 - 427 429 432 433 437 439—444 448 450—452 460 461.

war durch den Abtritt der Decemvirn, vor 384 aber durch das Zugeständniss plebeiischer Consuln die Eintracht hergestellt und auch die zwei andern Jahre begannen in friedlichen und ruhigen Verhältnissen. Mit den 40 Tagen dieser Interregenpaare erhalten wir für die 160 Jahrescollegien vom 13. September 292 bis 461 d. St. ein Maximum von 325 Tagen bezeugter Interregna; nehmen wir an, es seien nicht weniger als zehn, die aber jedenfalls nur gewöhnliche waren, übergangen, so stellt sich die denkbar höchste Gesammtzeit auf ein volles Jahr. Dass die nicht näher bekannten 32 Jahre von 462 bis zum Beginn der gesicherten Zeitrechnung, dem J. 473/281, kein volles Jahr Interregenzeit, geschweige denn mehrere, liefern konnten, liegt auf der Hand. Zu alle dem ist aber noch eines zu erwägen: der mehrmonatlichen Jahresverkürzungen durch vorzeitigen Abgang der Oberbeamten sind so viele gewesen, dass durch sie nicht bloss der siebenmonatliche Ueberschuss des zweiten Decemvirnjahres 304 sondern auch die angeblich ausserhalb der Consulnjahre stehende Gesammtzeit der Interregen mehr als aufgewogen wird; es hätte also der vermeintliche Fastencorrector gar keinen Zeitüberschuss, aus welchem sich Anarchie- und Dictatorjahre formen liessen, vorgefunden, sondern im Gegentheil einen nach Jahren zählenden Defect; er würde demnach, wenn die wahre Zeit wiederhergestellt werden sollte, vielmehr in der Lage gewesen sein, Consulate zu streichen.

Doch sind noch die 47 Jahre 245 – 292 übrig und Niebuhr 1 294 findet es sehr wahrscheinlich, dass Anfangs für die Consuln von der königlichen Zeit her die Wahl durch den Interrex beibehalten und dass viele Interregna aus den ersten Zeiten des freien Staates von Livius, der sie späterhin sehr oft vergesse, nicht verzeichnet worden seien. Niebuhr verkennt, dass die Wahl im Interregnum (falls es überhaupt historisch und für alle vier Könige nach Romulus, von denen es gemeldet wird, anzunehmen ist) Vorbedingung der Verfassungsmässigkeit des Königthums war, welche in der Republik durch die Ständigkeit und Unerlässlichkeit der Beamtenbestellung mittels Wahl von selbst wegfiel, und vergisst, dass wir den in den ersten Jahrzehnten der Republik oft recht kurzen Livius durch den weit ausführlicheren Dionysios controliren und ergänzen können. Dieser nennt bloss zwei gewöhnliche Interregna (272 und 275), von welchen Livius nichts schreibt; ausserdem gibt letzterer für den Anfang von 292 ziemlich viele (aliquot) Interregna an. Regelmässige Wahl im Vorjahr wird aber von Dionysios und Livius bezeugt oder vorausgesetzt für die Beamten von 270 271 283, von Dionysios allein für 250 255 257 259 261 264 266—269 273 282 284 288 290, von Livius für 279 281 285—287 291. Von den übrigen 24 Jahren lässt sich aus den oben angegebenen Gründen annehmen, dass die Nichterwähnung der Wahlen ihren Grund in der kein historisches Interesse bietenden Gewöhnlichkeit und Regelmässigkeit ihres Verlaufes hatte, also auch kein Interregnum stattgefunden hat.

Ueberdies können wir für die Zeit von 245 bis 271 behaupten, dass während derselben bezeugter Massen keine Zwischenregierung stattgefunden hat. Das Interregnum der Republik ist erst im J. 272 eingeführt worden. Als zu

Ende desselben, so erzählt Dionysios VIII 90, ein Hader zwischen den Consuln und Volkstribunen die Wahlen nicht zu Stande kommen liess, da überlegte der Senat einige Zeit, ob man nicht einen Dictator ernennen solle; die Oberhand behielten die Gemässigteren, welche vorschlugen, die ältesten und angesehensten Männer zu Zwischenkönigen zu ernennen und diesen die Sorge für die beste Vornahme der Wahl zu überlassen, in derselben Weise wie man es in der Königszeit im Fall einer Thronerledigung gehalten habe (τὸν αὐτὸν τρόπον ὅνπερ ἐπὶ τῶν βασιλέων τῶν ἐκλιπόντων ἐγίνετο); so wurde denn, nachdem alle Beamten abgedankt hatten, A. Sempronius Atratinus und nach diesem Sp. Larcius zum Statthalter ernannt. Schon die ganze Fassung der Erzählung deutet an, dass sie von einer Neuerung berichten will; daraus aber, dass auf ein Beispiel und zwar der königlichen Zeit hingewiesen wird, geht mit Nothwendigkeit hervor, dass der Erzähler für 245—271 kein Interregnum anerkennt.[1]) Vorher wird kein Interrex seit der Königszeit erwähnt, ausser Sp. Lucretius, der es aber vor der ersten Consulwahl war und nur von Dionys. IV 75 fg. 84 (offenbar nach einer andern Quelle als VIII 90) genannt wird, während einer andern Ueberlieferung zufolge Brutus als gewesener Tribunus celerum dieselbe leitete. Schwegler II 77 und Mommsen Staatsr. I 95 verwerfen die Nachricht von Lucretius, weil erst ein zweiter Interrex rechtsgültig wählen konnte, jener aber allein als solcher angeführt wird; Lange Alt. I 572 will Brutus auf Lucretius folgen lassen, wozu jedoch keine von beiden Ueberlieferungen passt. Der Interrex Lucretius ist vielleicht erfunden worden, um dem Gründer der Republik die für unrepublikanisch und höchst verwerflich gehaltene Leitung von Comitien, in welchen er selbst gewählt wurde, abzunehmen. Somit bleiben von 245 bis 292 sechs Jahre übrig, deren Wahlart wir nicht kennen, von welchen es aber höchst wahrscheinlich ist, dass sie nicht mit einem Interregnum begonnen haben.

II. Gleichzeitigkeiten.

Ein wichtiges Hülfsmittel zur Wiederherstellung der wahren Zeitrechnung bieten die Gleichzeitigkeiten. Diese können entweder politischer oder physischer Art sein: politischer, wenn ein römisches Ereigniss mit einem chronologisch sicheren auswärtigen verflochten ist; physischer, wenn ein noch jetzt zeitlich bestimmbares Naturereigniss gemeldet wird. Von

---

1) Offenbar derselbe Gedanke lag der von Laurentius Lydus magistr. I 38 mit der Geschichte der Dictatur vermengten Aufzählung der wichtigsten Epochen der Amtsgeschichte zu Grunde, wenn sie als ersten Fortschritt nach der Einführung des Freistaats die Einsetzung der Dictatur, als zweiten im 17. Consulnjahr die des Volkstribunats, als dritten aber im 28. Consulnjahr (eben 272 d. St.) die bei einem Zwist zwischen Plebs und Senat geschehene Bestellung des 'Dictators' A. Sempronius zu erkennen gibt, d. i. des Interrex, vgl. I 38 a. E. τῶν δικτατόρων ἤτοι μεσοβασιλέων; I 36 τῶν καλουμένων δικτατόρων, ἄντι τοῦ μεσοβασιλέως.

diesen thatsächlichen, objectiven Synchronismen zu scheiden sind die bloss behaupteten, die subjectiven oder gelehrten Zeitgleichungen, deren Werth von der Geschichtskenntniss ihres Gewährsmannes abhängt. Von solchen wird in Cap. III die Rede sein.

A Von den politischen haben wir die wichtigsten in den Akad. Sitzungsberichten 1876. I 531—595 ausführlich behandelt und können uns daher über sie hier kürzer fassen; eine eingehende Beurtheilung und Bestreitung der Römisch-griechischen Synchronismen vor Pyrrhos' ist bis jetzt bloss einem in Cap. III zur Sprache kommenden Theile dieser Arbeit gewidmet worden.

1. Während des Interregnum, mit welchem das J. 358 d. St. begann, wurde ein etruskischer Landtag abgehalten, bei welchem ein Antrag auf Entsatz des belagerten Veii gestellt, aber aus dem Grund abgelehnt wurde, weil man jetzt seine ganze Kraft gegenüber der von den neuen Grenznachbarn im Norden, den Galliern drohenden Gefahr zusammenhalten müsse (Liv. V. 17); sieben Stadtjahre früher war der‚gleiche Antrag aus einem andern Grund durchgefallen (Liv. V 1, 6. 4, 10), im J. 351 also die Poebene noch nicht gallisch geworden. Nach der herkömmlichen Rechnung fiele die wegen der Gallier geschehene Ablehnung auf 396 v. Chr.; aber diese haben erst Ol. 98, 1. 387 v. Ch. ihren Einzug in Oberitalien bewerkstelligt. Das Interregnum und der Landtag fällt Ende December 387, s. Cap. IV.

Die Alliaschlacht und die Eroberung Roms durch die Gallier. 364 varr. = 390 v. Ch. vulg., geschah nach dieser Einwanderung; sie konnte auch nicht gleich im Jahre derselben vor sich gehen, weil die Gallier damals mit der Bewältigung der Etrusker und der andern Bevölkerungen Oberitaliens zu thun hatten. Da die Gallier im J. 358 d. St. schon am Po sassen und die Amtscollegien von 357 und 362 vor der Zeit abgetreten sind, so kann das Stadtjahr 364 keinem früheren Jahre unsrer Aern entsprechen als 381 v. Chr.

2. Nachdem Dionysios I von Syrakus Lokroi erobert, Kroton aber vergeblich berannt hatte, erschienen bei ihm Gesandte der Gallier, welche einige Monate vorher Rom angezündet hatten; sie boten ihm Waffenbrüderschaft an. Der Zuzug gallischer Krieger, welche nach Abschluss des Bundes erfolgte, gestattete jenem, die Belagerung Krotons mit grösserer Kraft und schliesslichem Erfolg wieder ins Werk zu setzen (Justin. XX 5). Dionysios ging,

wie Dionys. Hal. XIX 5 bezeugt, zweimal nach Unteritalien, um die dortigen Griechenstädte zu unterwerfen: dem ersten, 390—387 v. Chr. geführten Krieg gehört der Bericht des Justinus nicht an; damals war Lokroi auf seiner Seite und Kroton wurde nicht belagert. Dionysios kam nicht weiter als zum Flusse Helleporos südlich von Kaulonia und nach dem grossen Sieg, welchen er dort erfocht, schloss unter andern auch Kroton mit ihm Frieden (Diodor XIV 100—112. Holm Gesch. Sic. II 128 ff.). Im J. 386 v. Ch. unternahm Dionysios keinen Krieg. 385 legte er Colonien an den Küsten Illyriens an. 384 machte er die Heerfahrt nach Etrurien und Corsica. Erst nach diesem Krieg können die Gallier zu ihm sagen: gentem suam inter hostes eius positam esse magnoque usui ei futuram vel in acie bellanti vel de tergo intentis in proelium hostibus (Just. XX 5, 5): in Rom sitzend und mit der Belagerung des Capitols beschäftigt befanden sie sich mitten zwischen den Etruskern, welche von Dionysios durch seinen Raubzug nach Pyrgoi geschädigt worden waren, und den Städten Grossgriechenlands. Im J. 383 führt er mit diesen und den Karthagern Krieg, aber die grossen Schlachten wurden auf der Insel geschlagen und dort befehligte der Tyrann selbst. Von da bis zum Tode desselben kommt Diodor nur noch einmal, bei einem Vorgang des J. 379, auf die grossgriechischen Städte zu sprechen und übergeht den zweiten unteritalischen Feldzug des Dionysios vollständig. Zum Ersatz muss uns die Nachricht des Halikarnassiers a. a. O. dienen, welchem zufolge Dionysios Kroton und die andern Städte unterworfen und 12 Jahre bis zu seinem Tod beherrscht hat. Dies führt auf Ol. 100, 1. 380 79 v. Ch. als Anfang seines unbestrittenen Besitzes derselben; woraus zu schliessen, dass die Belagerung von Kroton im Frühling 380 nach dem Eintreffen des gallischen Zuzugs erneuert, die gallische Gesandtschaft also im Winter 381 0 geschickt, Rom im Sommer 381 eingenommen worden ist. Dasselbe Jahr ergibt sich uns bei der Untersuchung der Jahrverkürzungen, s. Cap. IV.

3. Der Molosserfürst Alexander, Pyrrhos' Vorgänger als Feldhauptmann von Tarent, landete in Italien 413 d. St., siegte bei Paestum 422 und fiel bei Pandosia 427. So Livius, von dessen Daten zwei sicher falsch sind. Denn der Aufenthalt Alexanders in Italien dauerte nur 3—4 Jahre: er landete, wie Synchron. p. 574 gezeigt wird, vor Herbst 333 und nach Frühjahr 334 v. Chr., sein Tod aber gehört in Ol. 112, 2. 330 v. Chr.

Von jenen drei Daten bezeichnet Livius VIII 3,6 das der Landung durch den Zusatz constat als feststehend, d. i. als Mittheilung einer zeitgenössischen Quelle, also der Stadtchronik des Pontifex, welche nach Liv. IV 23, 8 zu schliessen auch auswärtige, Rom interessirende Ereignisse des Auslands enthielt und VII 9, 6 durch certe als Quelle der Meldung von dem Erscheinen der Gallier auf der via Salaria angedeutet wird; vgl. auch IV 13, 7 constat von den libri lintei. Dem J. 413 d. St., in welchem nach sicherer Nachricht Alexander landete, entspricht bei der gewöhnlichen Reduction 341 v. Chr., nach unserer Rechnung (Cap. IV) 333 v. Chr.

4. Im Stadtjahre 452 landete ein andrer Söldnerführer der Tarentiner, Kleonymos von Sparta an der Küste römischer Bundesgenossen, der Sallentiner, wurde aber von den Römern verjagt (Liv. X 2). Dies wäre, wenn die herkömmliche Ansicht Recht hätte, 302 v. Chr. geschehen. Aber im J. 303 v. Ch. waren die Sallentiner noch nicht im Bund mit Rom (s. Cap. IV), hätten also im Jahre 302 erst Verbündete werden müssen. Nach unsrer Rechnung fällt das Ereigniss in 299 v. Chr.

B. Von physischen Synchronismen ist bloss einer aus der Zeit vor Pyrrhos bekannt, die Sonnenfinsterniss um 350 d. St., Cic. de rep. I 16 id no nostrum quidem Ennium fugit, qui ut scribit anno quinquagesimo CCC fere post Romam conditam nonis Junis soli luna obstitit et nox. Der gegenwärtig herrschenden Ansicht zufolge ist dies die Finsterniss des 21. Juni 400 v. Ch., welche nach Zech. astron. Untersuchungen, 1853 p. 58 ihr Maximum 7 Uhr 44 Min., also 8 Minuten nach Sonnenuntergang erreichte, wodurch der Ausdruck nox, wie Niebuhr I 279, Zech und Mommsen Chronol. p. 202 bemerken, erst seine rechte Bedeutung gewinnt; das Ereigniss musste, fügt Heis. Wochenschr. f. Astronomie 1870 p. 115 hinzu, grosses Aufsehen erregen, weil die Sonne verfinstert unterging. Varronisch wäre das 354 oder (bei spätem Amtsneujahr) 353 d. St. und da jedenfalls eine andere, Roms Gründung einige Jahre später setzende Aera zu Grund liegt, so scheint das von Cicero unter Zusatz von fere angegebene Datum sehr wohl dazu passen. Um jedoch als Beweis für die Richtigkeit der gewöhnlichen Umrechnungsweise gelten zu können, müsste jene Deutung von nox die einzig mögliche sein; die ältere und noch jetzt von manchen aufrecht erhaltene Beziehung des Wortes auf nachtgleiche Finsterniss ist sprachlich ebenso berechtigt und die Astronomen sind in ihrer Entscheidung für das J. 400 v. Chr. von vorn herein durch den Umstand beeinflusst worden, dass sie die Möglichkeit einer grossen Abirrung der römischen Jahrrechnung nicht kannten und in dem Zeitraum, welchen sie daher voraussetzen mussten, ausser jener keine totale Finsterniss eines Sommermonats auffanden.

Das Wort nox in seinem eigentlichen Sinne als Nachtzeit zu nehmen, ist selbstredend unmöglich; ob man es als Abenddämmerung oder als nachtartige Finsterniss auffassen soll, darüber entscheidet der Gedankengang und Zusammenhang der ganzen Stelle. Cicero will durch das Citat des Ennius nachweisen, dass schon diesem für Rom sehr alten Dichter bekannt war, was unter den weit früher zu Bildung und Wissenschaft gelangten Griechen noch im perikleischen Zeitalter nur die gelehrtesten und ein Jahrhundert früher ausser Thales auch diese nicht gewusst hatten: dass die Sonnenfinsternisse nicht den Zorn der Götter oder einen Kampf der himmlischen Mächte bedeuten sondern auf natürliche Weise durch die Stellung des Mondes gegen die Sonne entstehen (solem lunae opposita solere deficere). Hätte nun Ennius mit nox nur eine Zeitbestimmung des Ereignisses, dieses selbst aber bloss durch soli luna obstitit ausgedrückt, so würde er seinen Landsleuten, welche, wie das Benehmen des römischen Heeres in Makedonien vor der Pydnaschlacht beweist (Plut. Aem. Paul. 17), noch die alte Barbarenvorstellung von den Finsternissen hatten, eine ihnen gänzlich unbekannte und unverständliche Bezeichnung derselben geboten haben. Der Gedankengang Ciceros verlangt vielmehr, dass, weil Ennius die Erklärung beigegeben hat, in luna obstitit die erklärende Ursache und in nox obstitit die Wirkung ausgedrückt ist: der Mond trat vor die Sonne und diese verhüllte völlige Finsterniss. Nox ist synonym mit tenebrae, wodurch Cicero nachher die Sonnenfinsterniss des Romulus ausdrückt (quibus Romulum tenebris etiamsi natura ad humanum exitum abripuit, virtus tamen in coelum dicitur sustulisse), und dient zur Bezeichnung der totalen Finsterniss, vgl. Seneca quaest. nat. I 12 quemadmodum se luna soli opponat, ut illum abscondat modo ex parte modo totum. haec dicitur perfecta defectio, quae stellas quoque ostendit et intercipit lucem.

Hiezu kommt noch ein Zweites. Die Finsterniss des J. 400 v. Ch. war nicht in Rom total sondern in Nordwestafrika; in Gades betrug ihr Maximum 11 Zoll, in Rom nur 10 (genauer 10,02). Für Astronomen war sie sicher eine sehr interessante Himmelserscheinung; ob aber in Rom, wo es dazumal keinen einzigen Sternkundigen gab, diese erst nach Sonnenuntergang zu grösserer Stärke gelangte Verdunkelung ein grosses Aufsehen erregt hat, dürfte füglich zweifelhaft erscheinen. Solche Wirkung kann mit Bestimmtheit nur den totalen Sonnenfinsternissen des hellen lichten Tages zugeschrieben werden und an eine derartige wird man am besten auch hier denken. Obgleich die Worte anno quinquagesimo CCC fere post Romam conditam nicht gleich den darauffolgenden (nonis Junis soli luna obstitit et nox) einem Hexameter angehören, so nöthigt doch die Anordnung der vorausgehenden (qui ut scribit) sie wenigstens dem Sinne nach gleichfalls dem Dichter zuzuschreiben, welcher für sie eine längere Umschreibung nöthig gefunden haben kann; doch ist es möglich, dass, wie Mommsen Chr. p. 302 annimmt, Ennius die Consuln genannt und Cicero deren Jahrzahl dafür gesetzt hat. Dass eine Stelle des Ennius Roms Gründung 700 Jahre vor seiner Zeit zu setzen scheint verschlägt wenig: er nahm vermuthlich zwei Gründungen an. Jedenfalls hat Cicero keine von seiner eigenen Aera weit abweichende Zahl gegeben; diese aber setzte Roms Gründung mit Polybios drei Jahre später als Varro, in Ol. 7, 2. 750 v. Chr. (rep. II 10). An ein auf diese Aera gestelltes Datum zu glauben veranlasst auch der Umstand, dass die Stadtchronik des Oberpontifex, welche nach Cicero die Finsterniss gleichfalls genannt, sie also dem Ennius an die Hand gegeben hatte (ex hoc die quem apud Ennium et in maximis annalibus consignatum videmus), zur Zeit des Polybios dasselbe Gründungsdatum bot: auf ihre Autorität hin nahm Polybios dasselbe an (Dion. Hal. I 74). Ist die Anarchie zu bloss vier Jahren gerechnet, so entspricht das 350. Jahr dieser Aera dem 352. der varronischen Zählung, bei fünf Jahren dem 353. Stadtjahr derselben.

Befragen wir das Verzeichniss der Finsternisse von Pingré (L'art de vérifier les dates. Paris 1819. I 212 fg.), so finden sich von 407 bis 383 v. Ch. ausser der bereits besprochenen noch acht totale Sonnenfinsternisse, von welchen aber die des 13. September 405, 18. Februar 394, 7. Februar 393 und 25. September 387 wegen ihrer Jahreszeit und der Gegend ihrer Sichtbarkeit, die am 23. Juni 392 in Nordosteuropa und Nordwestasien sichtbare aus dem zweiten, die vom 18. Jan. 402 und 18. Jan. 383 aus dem ersten Grunde wegfallen; die einzige, welche beide Vorbedingungen erfüllt, ist die vom 2. Juni 390, welche in Südeuropa, Afrika und Nordwestasien sichtbar war und zugleich dem römischen Monatsdatum unter allen neun am nächsten kommt.[1]) Das varronisch gezählte Stadtjahr 352 begann am 1. Oktober des J. 402 v. Chr. nach herkömmlicher Rechnung, aber nach unsrer (Cap. IV) des J. 391; es wurde vor der Zeit abgebrochen, und zwar um den Monat Juni, wahrscheinlicher nach dem 5. Tag dieses Monats als vor ihm. Der Zusatz fere bei Cicero gestattet die Zahl 350 auf varr. 352 oder 353 zu beziehen.

III. Autoritäten.

Einen den sachlichen Synchronismen fast gleich kommenden Werth dürfen, wenn sie vorhanden sind, die Zeitangaben solcher Schriftsteller beanspruchen, welchen wir die Kenntniss der wahren Zeit zutrauen können. Ein in chronologischen Dingen selbstständig urtheilender Römer, ein denkender Annalist konnte die wahre Zeit der römischen Data auf zwei Wegen

---

1) Auch ihre Tageszeit (11½ U. Mittag röm. Z.) passt am besten. Am Lichttag waren ausser ihr noch vier (402 : 10 U.; 392 : 11 U.; 387 : 6½ U.; 383 : 9 U. Morg.); die andern (405 : 0 U. Ab.; 394 : 3½ U. früh; 393 : 7 U. Ab.) sind auch in dieser Beziehung unmöglich.

finden: wenn er die Zahl der Jahrnägel des capitolinischen Heiligthums mit der Zählung der Consulate, unter welchen sie eingeschlagen waren, verglich oder wenn er die für jedes Amtsjahr in den Leinwandbüchern und in der Stadtchronik angegebenen Antrittstage und die Zeit der vorzeitigen Abdankungen zusammenstellte und berechnete. Dass wenigstens das erste von beiden Mitteln wirklich von einem oder dem andern in Anwendung gebracht worden ist, beweisen die unten folgenden Data. Eine zweite Art von Autoritäten hohen Ranges bilden die Mittheilungen älterer Griechen über römische Geschichte, welche in Städten wie Massilia Cumae Tarent Carthago u. a. Nachforschungen angestellt hatten. Auch an solchen fehlt es nicht.

A. Römer. Der wahren Zeitrechnung kundig ist nach dem Römischgr. Synchr. p. 584 Gesagten höchst wahrscheinlich Cincius Alimentus gewesen, ausser ihm vielleicht auch Cato. Einem von beiden entstammen einige Synchronismen, welche sich mit der wahren Zeit übereinstimmend erweisen.[1])

1. Zu demselben Jahr 413 d. St., unter welchem er die Landung des Molossers Alexander berichtet, merkt Livius VIII 3 auch an, dass es die Zeit der Thaten Alexander des Grossen sei. Die Vulgata gleicht dasselbe mit 341 v. Ch., unsere Rechnung mit 333, dem Jahre der ersten von den zwei grossen Völkerschlachten Alexanders.

2. In 416 d. St., angeblich = 338 v. Chr., setzt Eutropius II 7 und Velleius I 14 (Römisch-griech. Synchr. p. 590) die Gründung von Alexandria. Nach Cap. IV beginnt dieses Stadtjahr im Herbst 330 v. Ch. In der That ward Alexandria nicht 332 oder 331 sondern Ol. 112, 3. 330|29 gegründet, wie a. a. O. mit Zustimmung Droysens (Alexander 2, 372) gezeigt worden ist. Bestätigt wird es dadurch, dass Livius VIII 24 diese Gründung und den Tod des Epeiroten Alexander zwar falsch datirt,[2]) aber beide Ereignisse in ein und dasselbe Jahr setzt. Da das zweite in Ol. 112, 2. 330 gehört, so ist zu vermuthen, dass die Quelle des Livius ihre Jahre mit

---

1) Ueber die auf die Vulgata berechneten Zeitgleichungen s. Cap. IV == 421.
2) Der Irrthum, aus welchem Synchr. p. 586 dieser Anachronismus abgeleitet wurde, findet sich auch zwei Jahrhunderte später; Herodian IV 8, 6 berichtet von Caracalla: ἐπὶ τῷ Ἀλεξάνδρειαν ἐστέλλετο, πρόφασιν ποιούμενος ποθεῖν τὴν ἐπ' Ἀλεξάνδρῳ (zu Ehren Alexanders, also nicht von ihm) ἀναϑείσαν πόλιν.

dem Frühling anfing; dies hat Timaios, aus welchem wir die Erzählung des Livius von dem Untergang Alexanders ableiten, wirklich gethan. vgl. Volquardsen, Diodors Quellen p. 81. Zu weiterer Bestätigung dient. dass Alexanders Landung 413 und sein Tod 416 d. St. dem Intervall nach einander genau entsprechen; die Frage ob er 334 oder 333 v. Chr. nach Italien gegangen ist, kann nunmehr aus lateinischen Quellen zu Gunsten des späteren Jahres entschieden werden.

3. Cornelius Nepos bei Plinius hist. III 125 lässt am Tag der Eroberung von Veii (358 varr.) die grosse Etruskerstadt Melpum in Oberitalien den Insubern, Boiern und Senonen zum Opfer fallen. Ihm geschah das 396 v. Ch., denn er gehört zu den Anhängern der Vulgata; die Einwanderung der Gallier ging aber erst neun Jahre später vor sich. Er hat also das Datum entweder der Stadtchronik oder einem mit der wahren Zeit vertrauten Autor entnommen. Diese, 386 v. Chr., passt genau zu den Verhältnissen: das Eindringen der Gallier erfolgte in Art einer Sturmfluth: das ganze Land erlag ihnen in kurzer Zeit und ringsum ohne Hülfe oder Aussicht auf solche konnte Melpum sich schwerlich länger als ein Jahr halten; im Mutterland war man, wie p. 97 aus Livius V 17 gezeigt wurde, dazumal froh, wenn die Gallier nur den Apennin nicht überschritten.

Unter 323 d. St. meldet Livius IV 29 die Landung eines punischen' Heeres in Sicilien: nihil tum ad rem Romanam pertinere visum, quod Carthaginienses, tanti hostes futuri, tum primum per seditiones Siculorum ad partis alterius auxilium in Siciliam exercitum traiecere. Hier liegt anerkannt ein Irrthum zu Grunde: weder 431 (vulg.) noch 420 v. Ch. ist anwendbar, die Karthager haben zwischen 480—410 nichts gegen oder auf Sicilien unternommen. Niebuhr II 636, welcher der wahren Zeitrechnung auf der Spur war aber durch seine Ansicht von den Interregnen und durch Ueberschätzung der Gründungsepoche des Fabius Pictor an ihrer Auffindung verhindert wurde, meint, es liege eine Verwechslung mit den Athenern vor; da er aber das Datum der Sendung des Laches und Charoiades, 427 v. Ch., eingestandner Maasen nicht aus seiner eigenen Rechnung erklären kann, so fehlt dieser an sich schon bedenklichen Vermuthung jeglicher Halt. Bei dem thatsächlichen Vorhandensein eines Irrthums muss es genügen, wenn die Entstehung desselben erklärt werden kann. Der Besitz der Karthager auf Sicilien, welchem der erste punische Krieg ein Ende machte, datirt von dem Krieg, welcher mit dem Frieden von 404 abschloss: begonnen wurde er durch die Landung eines Heeres, welches Karthago 410 der Stadt Egesta auf ihre Bitte gegen die Selinuntier zu Hülfe schickte. Diese Landung meint Livius: auch bei ihm werden die Punier von einer Partei gegen die andere gerufen. Nach der Vulgata hätte er das Ereigniss in 344 d. St. setzen müssen, nach unsrer Rechnung fällt es in das Stadtjahr 333, in welchem T. Quinctius (Capitolinus) und N. Fabius Consuln waren. Diese hat der Gewährsmann des Livius mit den Consuln von 323 T. Quinctius (Cincinnatus) und C. Julius verwechselt. Woher aber glaubt er zu wissen, dass die Römer dieses Ereigniss gleichgültig gelassen hatte? Wahrscheinlich sah er, nachdem er den Synchronismus festgestellt hatte, in der Stadtchronik des Oberpontifex und zwar an falscher Stelle nach, fand aber in den Senatsverhandlungen keine Erwähnung der Sache gethan. Den Schluss, dass dies aus Gleichgültigkeit geschehen, konnte er nur ziehen, wenn an anderen Stellen solche Erwähnungen vorkamen (oben p. 99); fünfzig Jahre später würde der Vorgang auch sicher im Senat nicht unberührt geblieben sein. Darum ist es noch durchaus wahrscheinlich, dass die Landung des Molosserfürsten in den Senatsverhandlungen des J. 413 eine Rolle gespielt und daher Erwähnung in der Stadtchronik gefunden hat: mit den Grenznachbarn der Tarentiner, welche ihn riefen, den Samniten hatte man schon Krieg geführt und sie in Campanien geschlagen, die Blicke des Senats sind zu dieser Zeit sicher schon auf Tarent und dessen politische Massnahmen gerichtet.

B. Griechen. Unter den griechischen Geschichtschreibern war Theopompos, der Zeitgenosse Alexander des Grossen, nach Plinius hist. nat. III 57 der erste, welcher von Rom Notiz nahm: er erwähnte aber weiter nichts als die Einnahme der Stadt durch die Gallier. Seine Mittheilung ist durch dritte Hand auf uns gekommen (Römisch-griech. Synchr. p. 564): sie ist in dem p. 98 benützten Bericht des Trogus Pompeius enthalten, welcher das Ereigniss in 381 v. Chr. bringt.

Die Darstellung der römisch-gallischen Kriege bei Polybios II 18 ff. bestimmt die Zeit der wichtigsten Vorfälle durch Intervalle,[1]) deren Summe von der Alliaschlacht bis zur Niederlage der Boier und Etrusker bei Populonia 282 v. Chr. sich, je nachdem Polybios beide Grenzjahre der einzelnen Abstände eingezählt oder nur das eine berücksichtigt hat, auf 94—100 Jahre berechnet; die Alliaschlacht fällt hienach frühestens 382 v. Chr. Der Geschichtschreiber folgt also hier einer andern Quelle als I 6, wo er dieses Ereigniss in 387 v. Chr. setzt. Einen Versuch, die Zahlen des Polybios im Sinne der gegenwärtig herrschenden Anschauung umzudeuten haben wir im Hermes XIV 77 ff. widerlegt; die Besprechung anderer von demselben Standpunkt ausgehender Behandlungen dieses Berichts behalten wir einer besondern Arbeit vor, welche in Bälde erscheinen wird. In dieser soll gezeigt werden, dass Polybios bis 282

---

1) S. Cap. IV unter den Stadtjahren 394 405 419 455 459 471.

incl. dem Timaios, von da bis 225 einem andern griechischen Geschichtschreiber, vielleicht Seilenos, dem Begleiter Hannibals, folgt und dass seine erste Quelle das Jahr mit dem Frühling anfängt, die zweite dagegen nach attischen oder uneigentlichen Olympiadenjahren rechnet, die um den 1. Juli beginnen.

IV. Reduction auf moderne Zeitrechnung.

Die Angaben und Andeutungen der römischen Annalen über die einzelnen Consulatsverkürzungen und die durch dieselben herbeigeführten Veränderungen der Amtsepoche sind trotz des fragmentarischen Charakters der Ueberlieferung noch zahlreich genug, um auf Grund derselben zum Versuch einer Wiederherstellung des wahren Zeitverhaltes [1]) einzuladen, und die ungesuchte Uebereinstimmung, welche sich zwischen den hiebei entstehenden Zeitbestimmungen und den in Cap. II und III besprochenen Daten herausstellt, bürgt uns dafür, dass wir für die älteren, der Gleichzeitigkeiten und Autoritäten ermangelnden Zeiten der Republik uns auf die glücklicher Weise hier am reichsten fliessenden Zeugnisse der Annalen verlassen dürfen. Die Gesammteinbusse der römischen Jahrrechnung bis zur Fixirung der Antrittsepoche am 1. Januar 601 153 beträgt hiernach gerade elf Jahre.

245 - 260 : 1. Jan. 498 - 483; vg. 509 - 494.

Brutus und Collatinus traten, wie Dionysios V 1 meldet, ihr neues Amt 4 Monate vor Ablauf 'jenes Jahres' an. Nach Scheiffele, röm. Jahrbb. p. 61 und Aug. Mommsen. röm. Daten p. 22 meint er damit das attische Archontenjahr (beginnend am Neumond nach der Sommersonnwende). da er den Anfang der Republik unter Archon Isagoras Ol. 68, 1 setzt; 4 Monate zurück führen auf das altrömische Kalenderneujahr, den 1. März. Aus jener blossen Zeitgleichung lässt sich aber kein Schluss auf die Bedeutung der Angabe ziehen und Th. Mommsen, röm. Chron. p. 86 wendet mit Recht ein, dass Dionysios seine Annalen nach römischen, nicht griechischen Jahren geordnet hat; mit Bredow, Becker, Schwegler u. a. ist er

---

[1]) Natürlich nur so weit das überhaupt möglich ist, d. h. die Tag- und Monatsdata sind überall die des altrömischen Kalenders, welcher wegen seiner unvollkommenen Schaltordnung von der wahren Zeit bis auf mehrere Wochen abirren konnte.

der Ansicht. Dionysios habe irrthümlich das erst zu seiner Zeit von Julius Caesar eingeführte Kalenderneujahr, den 1. Januar zu Grund gelegt und meine den 13. September. Einen so groben Irrthum hat ihm aber Niemand nachgewiesen und die Gründe, welche man für den 13. September als älteste Amtsepoche anführt, sind nur eingebildete.

Cn. Flavius, der erste Herausgeber eines Gerichtskalenders, stiftete als Aedil im J. 450 d. St. eine Kapelle, laut Inschrift derselben 204 Jahre nach Einweihung des capitolinischen Heiligthums (Plinius hist. nat. XXXIII 19). Diese Einweihung geschah am 13. September durch den Consul Horatius, nach den einen im ersten nach den anderen im dritten Jahr der Republik. Ohne erwiesen zu haben, dass das spätere Datum falsch ist, entscheidet man sich für das frühere und findet in der Zeitangabe jener Inschrift die Anwendung einer Jahrrechnung, welche auch bereits den Namen Aera der capitolinischen Tempelweihe führt und für die eigentliche und älteste Aera der Republik gilt, obgleich sie sonst nirgends aufzufinden ist und nicht nur später überall sondern schon in dem Censorenprotokoll vom J. 362 d. St. bei Dionys. I 74 nach Jahren seit Vertreibung der Könige oder seit den ersten Consuln gerechnet wird. Wir finden in der Angabe des auf seine Emporkömmlingseigenschaft stolzen Mannes eine Parallelisirung des ersten von einem Sclavenabkömmling geweihten Heiligthums mit dem ersten von einem Consul dedicirten. Die Tempelweihe fällt unsres Erachtens wahrscheinlich in das zweite Consulat des Horatius und selbst wenn das erste vorzuziehen wäre, würde damit für die Erhebung des 13. September zum Geburtstag der Republik nichts gewonnen: Horatius war ja nur nachgewählter Consul, der zweite Nachfolger des Brutus, und wenn gegen diese allgemeine Ueberlieferung Mommsen Chron. p. 88 den Eingang des ersten karthagisch-römischen Handelsvertrags bei Polyb. III 22.1 ins Feld führt, welcher Brutus und Horatius als Consuln verbindet, so hat er ,Chron. p. 325 diese Autorität durch den Nachweis der Unächtheit ihres Datums selbst vernichtet. Ein anderes Zeugniss, welches für den 13. September als älteste Antrittsepoche angeführt wird, beweist in Wirklichkeit ebenfalls gegen denselben. Im J. 254 d. St. starb nämlich der eine Consul am dritten Tage nach der Procession der römischen Spiele und der andere blieb ,die noch übrige kurze Zeit' allein im Amt (Dionys. V 64).

Die Spiele dauerten zur Zeit Caesars vom 4. bis 19. September, aber die Tage vor den Iden waren erst spät hinzugekommen; vor 388 der St. dauerte das Fest nur 3, dann aber 4 Tage (Liv. V 42), wahrscheinlich vom 15.—18. September, so dass die Procession, mit welcher es eröffnet wurde, am 15. September stattfand, s. Preller, röm. Myth. p. 195. 199. Weissenborn zu Liv. XLV 1, 2. A. Schäfer, neue Jahrbb. f. Philol. CXIII 571. Der Consul starb demnach wahrscheinlich am 17. September, jedenfalls nach den Iden und der Amtswechsel hat mehrere Wochen oder Monate nach diesen stattgefunden. Bredow, Untersuchungen über alte Geschichte I 143 hat desswegen den 1. Oktober für den Antrittstag erklärt; aber auf die Zeit vom 1. Oktober bis 1. Januar konnte Dionysios den Ausdruck: ‚es fehlten noch vier Monate am Jahr' nicht anwenden.

Die Worte τεττάρων μηνῶν εἰς τὸν ἐνιαυτὸν ἐκεῖνον ὑπολειπομένων setzen voraus, dass von den Jahren, zu welchen das in Rede stehende gehört, vorher schon die Sprache gewesen war; auch muss, wie Th. Mommsen mit Recht annimmt, römische Zeit gemeint sein. Wenige Zeilen vorher hat Dionysios gesagt: ἡ μὲν δὴ βασιλική Ῥωμαίων πολιτεία διαμείνασα μετὰ τὸν οἰκισμὸν τῆς Ῥώμης ἐτῶν τεττάρων καὶ τετταράκοντα καὶ διακοσίων ἀριθμὸν κατελύθη; an diese also, an die Königsjahre haben wir zu denken und ‚jenes Jahr' ist das dermalen laufende, das letzte derselben. Königsjahre, vom 21. April dem Gründungstag Roms ab, sind die politischen Jahre, nach welchen man bis dahin zählen konnte und an deren Stelle nun die Consulnjahre treten. Vom 21. April zurück führen vier Monate auf den 21. December; die Antrittsepoche war also entweder der 13. December oder der 1. Januar. Dies stimmt vortrefflich mit der ausdrücklichen, in unbegreiflicher Weise ganz missachteten Angabe des 1. Januar bei Plutarch quaest. rom. 19 ἄλλοι ἱστοροῦσιν γενέσθαι τὸν Ἰανουάριον πρῶτον (μῆνα), ὅτι τῇ νουμηνίᾳ τούτου τοῦ μηνὸς, ἣν ἡμέραν καλάνδας Ἰανουαρίας καλοῦσιν, οἱ πρῶτοι κατασταθῆσαν ὕπατοι τῶν βασιλέων ἐκπεσόντων. Schwegler II 100 nennt das einen lächerlichen Anachronismus, da der Amtsantritt erst 601 d. St. auf diesen Tag gekommen sei; als ob nicht die gleiche Epoche schon früher einmal hätte statthaben können. Mommsen Chron. p. 88 führt die ganze Stelle auf Varro zurück, will jedoch in ὅτι τῇ νουμηνίᾳ etc. nur eine diesem Forscher fremde, den ἄλλοι eigenthümliche Meinung finden. Auch dann hätten wir ein positives Zeugniss aus dem Alterthum vor uns; es ist aber nur die Verwendung der Thatsache zu jener Schlussfolgerung das Eigenthum der ἄλλων, auch den Inhalt des Causalsatzes an sich abzulehnen hat Varro oder Plutarch sich nicht den mindesten Anschein gegeben. Es steht ὅτι mit Indicativ da, womit eine anerkannte Thatsache eingeführt wird; im andern Fall müsse wenigstens ὡς mit Particip oder ὅτι mit Optativ gebraucht sein und ausserdem hätte man noch einen ausdrücklichen Einspruch gegen die Datirung der Epoche erwarten müssen.

Mit dem Datum des Dionysios und Plutarch steht eine andere vertrauenswürdige Zeitangabe in bester Uebereinstimmung. Nach dem Tod des Brutus muss vom Jahre noch ein guter Theil übrig gewesen sein: er hatte zwei Nachfolger und zwischen beiden lag der längere Zeitraum, welchen Valerius in Verdacht erregender Weise verstreichen liess, ehe er sich einen neuen Amtsgenossen bestellte; die Schlacht aber, in welcher Brutus fiel, fand zur Zeit statt, als das Getreide schon reif war (Liv. II 5. Dionys. V 13. Plut. Publ. 8). Auch für die Thaten des Publicola nach dessen Tod wäre die Zeit von da bis zum 13. September viel zu kurz. Das von Plut. Publ. 9 angegebene Todesdatum des Brutus, 28. Februar, steht sowohl mit den angeführten Stellen als mit Macrob. sat. I 13, 21 in Widerspruch, nach welchem Brutus am 1. Juni ein Gelübde für glückliche Vertreibung der Tyrannen löste; vielleicht war am 28. Februar eine Todtenfeier für Brutus.

261—274 : 1. Okt. 493—470; vg. 498—480.

Nach der Auswanderung der Plebs traten die neuen Consuln des J. 261 vor der Zeit ins Amt, Dion. VI 49 παραλαβόντες τὴν ἀρχὴν καλάνδαις Σεπτεμβρίαις θᾶττον ἢ τοῖς προτέροις ἔθος ἦν; dass es während der Abwesenheit der Plebs geschah, bezeugt auch Liv. II 33, 3. Das angegebene Datum selbst ist das einzige von allen, welches wir als irrthümlich bestreiten müssen; auch die Ansicht, dass durch Interregna der Amtstermin auf ein späteres Datum gekommen sei, wird mit ihm nicht fertig. Man nimmt an, das Interregnum am Ende von 271, ein gewöhnliches von zwei Statthaltern nach einander, hätte die Epoche vom 1. September auf den 13. September, der zwei Monate vor der Zeit geschehene Rücktritt des nach dem Tode seines Amtsgenossen allein im

Amt befindlichen Consuls v. 274 dieselbe auf den 15. Juli verschoben, von wo sie durch das dann eingetretene gemeine Interregnum auf den 1. August gekommen sei, welchen wir nachher bezeugt lesen. Es ist aber in Cap. I gezeigt worden, dass solche Verwesungen von 8—10 Tagen an der sollennen Epoche keine Aenderung hervorbringen konnten oder hervorgebracht haben und, selbst dies angenommen, würde man vom 1. September aus damit nicht den 1. August erreichen: man hat übersehen, dass das spätere Interregnum nicht nach sondern vor vollem Ablauf des J. 271 eingetreten ist. Die Wahlen waren zu rechter Zeit (VI 90 ὡς καϑῆκεν ὁ τῶν ἀρχαιρεσιῶν χρόνος), also mehrere Wochen vor Jahresschluss anberaumt worden, aber nicht zu Stande gekommen; nach einiger Zeit unschlüssigen Zuwartens entschied man sich für Einführung des Interregnum und bei der Einsetzung dieses Amtes mussten die Inhaber der anderen abdanken (αἱ δ'ἄλλαι κατελύϑησαν ἀρχαί). Wäre das Jahr damals schon zu Ende gewesen, so hätte keine Amtsniederlegung mehr stattfinden können; es war also noch Zeit vom alten Jahr übrig, aber wie aus dem Angeführten erhellt, nur ungefähr soviel, dass durch das kurze Interregnum keine Verschiebung des Termins auf einen späteren Tag herbeigeführt werden konnte. Man würde also mit jener Ansicht zur neuen Epoche nicht den 1. August sondern spätestens den 15. Juli bekommen.

Die zweimonatliche Verkürzung, welche 275 den 1. August herbeiführte, nöthigt zu der Annahme, dass vorher die Amtsepoche auf den 1. Oktober gefallen war, und dafür sprechen auch andere Anzeichen. Nach Dionys. VII 1 wanderte die Plebs nach der Herbstnachtgleiche zu Beginn der Aussaat (μετὰ τὴν ὀπωρινὴν ἰσημερίαν ὑπ' αὐτὴν μάλιστα τὴν ἀρχὴν τοῦ σπόρου) fort und kam kurz vor der Wintersonnwende zurück (οὐ πολλῷ πρότερον τῆς χειμερινῆς τροπῆς).[1]) Wäre sie nur 10 Tage vor

---

1) Uebereinstimmend damit Liv. II 34, 2 caritas annonae ex incultis per secessionem plebis agris; 34, 11 potius quam ut armati per secessionem coli (agros) prohiberent. Die Saatzeit erstreckt sich von der Herbstgleiche bis Winters Anfang (um 11. November). Mit Unrecht hält man II 32, 4 ibi aliquot dies neque incessiti neque lacessentes sese tenuere für eine abweichende Zeitbestimmung. Vermöge derselben Litotes, welche aliquantum im Sinn von multum verwendet, kann aliquot (eine ziemliche Anzahl) für multi stehen. Liv. VII 2 steht post aliquot annis von einem ganzen Jahrhundert; XL 51 post aliquot annos von 37 Jahren; IV 43 cum maior pars anni per novos tribunos plebis et aliquot interreges extracta esset; III 8 s. unten zum J. 292.

dem von Dionysios als Amtsepoche angegebenen 1. September ausgewandert, so könnte das unter Voraussetzung geregelter Kalenderführung nicht nach der Nachtgleiche geschehen sein, weil die grösste Abweichung des altrömischen 20. August vom julianischen nur die Zeit des jul. 8. September ergeben würde. Dass die Intercalation schon vor den Decemvirn bestand, zeigt Varro bei Macrob. sat. I 13,21 an der Erwähnung derselben im pinarischen Gesetz von 282. Hiezu kommt Liv. VIII 18 in secessionibus quondam plebis clavum ab dictatore fixum alienatasque discordia mentes hominum eo piaculo compotes sui fecisse, was mit Recht auf das J. 260 bezogen wird, da es vor 423 nur noch eine Secession gegeben hat, die von 304, welche aber keinen Dictator gesehen hatte. Zur Bestätigung dient Cic. Brut. 54 videmus, cum plebes montem qui sacer appellatur occupavisset, M. Valerium dictatorem dicendo sedavisse discordias. Die an beiden Stellen benützten Annalen begehen eine Ungenauigkeit: Valerius besänftigte das Volk, wie sein Elogium bestätigt (plebem de sacro monte deduxit, gratiam cum patribus reconciliavit, s. Schwegler II 259 und Mommsen inscr. lat. I 284), aber Dictator war er damals nicht mehr; die Verwechslung konnte desswegen leicht entstehn, weil auch seine Wahl zum Dictator von der Absicht, durch ihn die Versöhnung herbeizuführen, ausgegangen war. Es erhellt aber, dass das neue Jahr am 13. September noch nicht begonnen hatte: denn Dictator, als welcher er den Jahresnagel an diesem Tage einschlug, war Valerius im alten gewesen.

Für den 1. Oktober ebensogut wie für den 1. September lässt sich die Nachricht bei Dionys. VII 20 und Liv. II 34 anführen, dass, als die im Hungerjahr 262 nach Sicilien geschickten und durch Stürme dort zurückgehaltenen Gesandten nach dem Sommer (μετὰ τὸ θέρος) heimkehrten, bereits die neuen Consuln von 263 das Amt angetreten hatten. Die agrarische Bewegung des Cassius Viscellinus 268 begann am Tag nach dem Triumph (Dion. VIII 70), den er am 1. Juni gefeiert hatte, sie ward in vielen Volksversammlungen betrieben (VIII 71, 2. 72, 1. 73, 1) und endigte kurz vor den Wahlen (VIII 75).

275—291 : 1. Aug. 469—453; vg. 479—463.

Zum J. 278 bemerkt Dionys. IX 25: περὶ τὰς θερινὰς μάλιστα τροπὰς Σεξτιλίου μηνὸς παραλαμβάνουσι τὴν ὑπατείαν; worin derselbe Jahranfang erkannt worden ist wie der von Liv. III 6 als schon längere Zeit üblich bezeichnete von 291: kalendis Sextilibus ut tunc principium anni agebatur consulatum ineunt. Dazu stimmt, wie Bredow sah, Dion. IX 61 folg. über das Ende von 289: ἠνείχοντο (Αλκανοὶ) σῖτον, ὃς ἐν ἀκμῇ τότε ἦν, συγκομιζόμενον ὑπὸ τῶν πολεμίων. τοῦτο διαπραξάμενος ὁ Φάβιος, ἐπειδὴ παραδοῦναι τὰς ἀρχὰς ἑτέροις ἔδει, ἀπῆγε, τὸ δ'αὐτὸ καὶ Κοίντιος ἐποίει. ἀφικόμενοι δ'εἰς τὴν Ῥώμην ἀπέδειξαν ὑπάτους. Aufgekommen ist die neue Amtsepoche mit dem Jahr 275. Von den Consuln des Vorjahres war der eine im Krieg gefallen, der andere schwer verwundet worden; dieser dankte ab δυοῖν ἔτι μηνῶν εἰς τὸν ἐνιαύσιον χρόνον λειπομένων Dion. IX, 13, vgl. Liv. II 47.

Mit der Epoche: 1. August streiten mehrere Angaben, die aber durch das Zusammenstimmen der eben angeführten Zeugnisse als unrichtig erwiesen werden. Nach Dion. IX 15 καὶ ὁ μὲν χειμὼν ἐκεῖνος ἐτελεύτα. τῷ δὲ κατόπιν ἐνιαυτῷ etc. scheint es, als habe das J. 275 seinen Abschluss mit Ende Winters gefunden. Aber Dionysios macht nirgends am Ende der Jahrbeschreibungen eine Bemerkung über die Jahreszeit, wohl aber fügt er gerne nach dem Vorgang des Thukydides am Schlusse bei, dass nunmehr jenes Jahr sein Ende gefunden habe, z. B. IX 56 καὶ ὁ ἐνιαυτὸς οὗτος ἐτελεύτα; X 32 ὁ μὲν οὖν ἐνιαυτὸς εἰς τὰς κατασκευὰς τῶν οἰκήσεων ἐδαπανήθη; VIII 67 καὶ τὸ ἔτος τοῦτο ἐτελεύτα; ebenso IX 24; X 21. Also ist ἐνιαυτὸς statt χειμὼν zu schreiben. Die Schlacht an der Cremera wurde nach Anfang 277 geschlagen, Liv. II 51 cum haec accepta clades est, iam C. Horatius et T. Menenius consules erant, und doch setzt sie Ovid. fast. II 195 auf den 13. Februar, Livius VI 1 aber nebst Tac. hist. II 91 und Plut. Cam. 19 auf den Tag der Alliaschlacht, 18. Juli. Das Datum des Ovidius erklärt Mommsen Chronol. p. 90 aus Verwechslung des Auszugstages der Fabier mit dem Schlachttag und sieht für letzteren den 18. Juli als das besser beglaubigte Datum an; Livius scheine zwar die Schlacht nicht lange nach dem Amtswechsel zu setzen, aber Data dieser Art, die leicht verschiedenen Versionen angehören könnten, dürfe man kaum combiniren. Die Kalenderdata entstammen indess alten Aufzeichnungen und gerade sie sind dass Verlässigste in der gesammten Tradition der älteren Zeit Roms seit Beginn der Jahresregierungen; abweichende Versionen konnten nur spät, durch Missverständniss und Irrthum, an die Seite der ächten treten. Nach unserer Ansicht verdienen beide Data, der 18. Juli wie der 13. Februar, weil sie uns nur ausserhalb der Geschichte jenes Jahres begegnen, weniger Vertrauen als die an Ort und Stelle, innerhalb der treffenden Jahrbeschreibung selbst vorkommende Zeitangabe des Livius, die noch dazu von Dionysios IX 18 ff. bestätigt wird, nach welchem am Anfang des Jahres (κατ' ἀρχάς) innere Parteikämpfe herrschten, die mit der Zeit (χρόνῳ) durch die Feindseligkeiten der Veienter beendigt worden; während der gegen diese ausgeschickte Consul Menenius die Zeit vergeudete, hätten die Fabier an der Cremera den Untergang gefunden. Darauf folgt bei Livius und Dionysios die Niederlage des Menenius und die Besetzung des Janiculus, von welchem aus die Feinde Rom selbst bedrohten und in Schach hielten. Die Besetzung dauerte den ganzen Winter hindurch und hatte spätestens mit der Herbstnachtgleiche, dem Anfang der Saatzeit, begonnen, Dion. IX 25 ἀσπόρου τῆς χώρας ἐν τῷ παρελθόντι χειμῶνι διὰ τὸν ἐπιτειχισμὸν τοῖ πλησίον ὄροις καὶ τὰς συνεχεῖς καταδρομὰς γενομένης. Hienach haben wir die Cremeraschlacht geraume Zeit nach Anfang des Jahres und nicht lang vor der Herbstnachtgleiche, also Mitte Septembers zu setzen. Das Datum des Alliatages, 18. Juli, ist ihr, wie schon Schwegler II 752 vermuthet hat, aus Missverständniss gegeben worden. Der von Dion. IX 23 τὴν ἡμέραν ἐκείνην μέλαιναν τε καὶ ἀποφράδα τίθεται (ἡ πόλις) καὶ οὐδενὸς ἂν ἐν ταύτῃ χρησιοῦ ἄρξαιτο τὴν τότε συμβᾶσαν αὐτῇ τύχην ὀττευόμενη ausgeschriebene Schriftsteller hat offenbar nichts davon gewusst, dass, wie die oben citirten Geschichtschreiber behaupten, an demselben Monatstage auch die Alliaschlacht stattgefunden haben soll. Nun waren aber im Jahre nach dieser ausser dem Alliatag auch die Nachtage der Iden für unglücklich erklärt worden, weil am 16. Juli vor der Schlacht ohne günstigen Erfolg geopfert und dadurch, wie man glaubte, das Unglück herbeigeführt worden war, und nicht bloss diese sondern alle Nachtage der drei Monatshaupttage, Liv. VI 1; den Grund davon gibt Verrius bei Gell. V 17 an: complures alii senatores recordari se dixerunt, quotiens belli gerendi gratia res divina postridie calendas nonas idus a magistratu populi ro. facta esset, eius belli proximo deinceps proelio remp. male gestam, und unter den unglücklichen Schlachten, welchen ein an einem solchen Nachtag gehaltenes Opfer vorausgegangen war, nennt Verrius a. a. O. und Cassius Hemina bei Macrob. sat. I 16 auch die an der Cremera. Diese hatte also mit der Alliaschlacht nur das gemein, dass das vorausgegangene Opfer an einem Tag nach den Iden, Nonen oder Kalenden gehalten worden war.

292—302 : (1.) Juni 462—442; vg. 462—452.

Becker II 2. 96 und Schwegler II 101. III 22 behalten den 1. August noch bis 302 d. St. als Amtsepoche bei; richtiger verfährt Mommsen, wenn er mit 292 eine neue annimmt: diese ist ihm auf Grund von Livius III 8 der 13. August; er lässt sie aber nicht lange gelten sondern mindestens schon seit 295 den für 303 bezeugten Antrittstag, 15. Mai, bestehen, freilich ohne dass er einen Epochenwechsel zwischen 292 und 295 nachweisen oder erklären kann. Zum J. 303 wird sich zeigen lassen, dass der 15. Mai erst in diesem Jahr Epoche geworden ist; zwischen 292 und 303 aber findet sich kein Ereigniss, welches geeignet gewesen wäre, den Antrittstag zu verschieben; der 292 eingetretene hat sich also bis 302 erhalten.

Als Anhalt für die Ermittlung des 292 aufgekommenen Amtstermines dient zunächst, was Livius III 8 nach dem Bericht über die grosse Seuche des J. 291, welche beide Consuln vor Ablauf ihrer Amtszeit wegraffte,[1]) sagt: cum aliquot interregna exissent, P. Valerius Publicola tertio die quam interregnum inierat creat L. Lucretium Tricipitinum et T. Veturium Geminum (sive ille Vetusius fuit). Ante diem III idus Sextiles consulatum ineunt iam satis valida civitate. Diese Stelle hat desswegen viele Schwierigkeiten gemacht, weil sie die einzige ist, an welcher auf einen andern als einen Kalenden — oder Identag der Amtsantritt fällt. Man verkannte aber, dass nach einem Interregnum diese Regel nicht eingehalten werden konnte:[2]) denn die vom Interrex ernannten Consuln traten gleich nach der Wahl ins Amt; und da meistens nur zwei Interregen von zusammen höchstens zehn Tagen aufeinander folgten, so war es unmöglich, dass immer oder auch nur häufig der Antritt an den Kalenden oder Iden erfolgte. Der übliche Antritt an einem Tage höherer Weihe konnte in diesem Fall erst im Jahre darauf wieder zur Geltung kommen. Im Jahr 292 also traten die Consuln am Tage ihrer Wahl, am 11. August an; im nächsten an einem Kalenden- oder Identag. Nach der herrschenden Ansicht nun, welche auch die von einem Interrex bestellten Consuln ein volles Jahr regieren lässt, müsste jetzt entweder der 1. oder der 13. August Epoche geworden sein und zwar jener, nicht wie Mommsen will dieser, weil die Consuln sonst über ein Jahr die Regierung geführt haben würden; aber die Beobachtung lehrt, dass die neue Epoche schon vor dem Juli eintrat.

Die Amtsepoche von wenigstens 295 an auf den für 303 bezeugten 15. Mai zu stellen wird Mommsen durch das Datum der Triumphe des Jahres 295 bewogen: der eine wurde zwischen dem 2. und 7. Mai, der andere am 13. Mai gefeiert. Dieser hätte mithin am vorletzten

---

1) Vgl. Dionys. IX 68.
2) Darauf machte schon Becker aufmerksam; jetzt erkennt es auch Mommsen an (Staats. I 473.

Tage des Jahres stattgefunden. Aber vom 13. Mai bis zum Jahresschluss verfloss eine längere Zeit. Beide Triumphe fanden nicht lange vor Ende des Jahres statt, jedoch vor den Wahlen und zu einer Zeit, in welcher man diese noch nicht erwartet hatte, Liv. III 24 qui ubi triumphantes victore cum exercitu urbem inierunt, quia silentium de lege erat, perculsos magna pars credebant tribunos; at illi (extremum enim anni eius erat) quartum affectantes triumphum in comitiorum disceptationem ab lege certamen averterunt. Nach den Wahlen wurde dann noch eine Gesandtschaft der Aequer empfangen und mit diesen ein Friedensvertrag abgeschlossen, Liv. III 8; Dion. X 21. Der Jahreswechsel fand also erst nach dem 15. Mai statt und dürfen wir nicht die Epoche des J. 303 schon im J. 295 annehmen, um so weniger als von 292 an bis dorthin kein Anzeichen einer Neuerung in dem 292 aufgekommenen Amtstermin zu finden ist. Andererseits muss die um 295 übliche Epoche noch vor dem 13. August eingetreten sein und ziemlich lange vorher: dies anzunehmen nöthigt der Ausdruck extremum anni.¹

Das nächste Jahr 296 begann mit den Streitigkeiten über die lex Terentilia und den falschen Zeugen Volscius, welche sich längere Zeit hinzogen, Liv. III 25 eodem modo consules legem, tribuni iudicium de Volscio impediebant; ebenda: quaestor T. Quinctius Capitolinus testem iusto ac pio bello persequebatur; Dion. X 22 τέως μὲν τὸν ὑπὲρ τῶν πολιτικῶν δικαίων πόλεμον ἐντὸς τείχους ἐπολέμουν. Als denselben ein verheerender Einfall der Aequer in Latium ein Ende machte, war das Getreide zur Ernte reif, Dion. X 22 τοὺς καρποὺς τῆς γῆς ἐν ἀκμῇ ὄντας ἔφθειρεν. Die Tribunen gestatteten aber den Auszug der Consuln erst, als auch die Sabiner gegen die Stadt heranzogen; Minucius, gegen die Aequer ausgeschickt, wagte sich nicht aus dem Lager (L. III 26 castris se pavidus tenebat) und wurde zuletzt eingeschlossen. Dies führte zur Dictatur des Cincinnatus, welcher am 13. September triumphirte und einige Tage darnach, am 16. Tage seines Regiments, abdankte (Liv. III 30); er würde das noch am Triumphtag gethan haben, wenn er nicht die Absicht gehabt hätte, erst das Comitiengericht über Volscius abzuhalten (L. III 27); nach dessen Verurtheilung trat er ab. Dionysios, welcher X 25 irrig schon den Triumphtag als den sechszehnten der Dictatur bezeichnet hat, verbessert sich XI 20: ἐν ἡμέραις τεσσαρισκαίδεκα ἅπαντα διαπραξάμενος. Hiernach hatte er sie am 29. August angetreten. Wir sehen also, dass die Getreidereife, welche mit der Sonnwende begann (Plinius hist. XVIII 265 u. a.), geraume Zeit nach dem Amtsantritt der Consuln eingetreten war; andrerseits müssen wir diesen den 15. Mai ziemlich nahe bringen; er hat also im Juni und zwar höchst wahrscheinlich schon am 1. Juni stattgefunden.

303—304 : 15. Mai 441—440; vg. 451—450.

Am Anfang des J. 304 wird von Livius III 36 und Dion. X 59, am Ende desselben aber von Liv. III 38 als damaliger Amtstermin der 15. Mai bezeugt; nach L. III 36 idus tum Maiae sollemnes incundis magistratibus erant galt er mindestens seit 303. Entgegen der Ansicht, welche ihn seit spätestens 295 bestehen lässt, haben wir jetzt zu beweisen, dass der, wie oben gezeigt, 295 und 296 in Geltung gewesene 1. (oder 13.) Juni durch vorzeitigen Abgang der Consuln des J. 302 abgekommen ist.

Die Wahlen für 303 wurden lange vor der üblichen Zeit, bald nach Frühlings Anfang abgehalten, Dionys. X 54 πᾶσιν ὁ χειμέριος χρόνος ἀμφὶ ταῦτα ἐδαπανήθη. ἀρχομένου δ' ἔαρος σῖτός τε πολὺς καὶ ἐκ πολλῶν ἤχθη χωρίων — —. ἐν δὲ τῷ αὐτῷ καιρῷ παρεγίνοντο ἀπό τ' Ἀθηνῶν καὶ τῶν ἐν Ἰταλοῖς Ἑλληνίδων πόλεων οἱ πρέσβεις φέροντες τοὺς νόμους καὶ μετὰ τοῦτο προσῄεσαν οἱ δήμαρχοι τοῖς ὑπάτοις ἀξιοῦντες ἀποδεῖξαι τοὺς νομοθέτας· — —. συγχωρούντων δὲ τῶν δημάρχων προθέντες ἀρχαιρέσια πολλῷ τάγιον ἢ τοῖς προτέροις ἔθος ἦν ὑπάτους ἀπέδειξαν. Die starke Beschleunigung lässt die Absicht erkennen, eine ebenso bedeutende Verfrühung des Antritts der nächsten Jahresbeamten zu ermöglichen. Die Absicht aber, diese herbeizuführen, spricht sich in dem Beschlusse aus, welcher nach der Wahl der Consuln zu Stande kam: es sollten anstatt derselben Decemvirn gewählt werden, welche gleich am Tage ihrer Wahl ins Amt zu treten hätten, Dion. X 55 τούτους δ' ἄρχειν ἐνιαυτὸν ἀφ' ἧς ἂν ἀποδειχθῶσιν ἡμέρας. Diese Bestimmung wäre offenbar sinnlos gewesen, wenn die Beamten von 302 am Tag der Wahl nicht noch einige Zeit zu regieren gehabt hätten; sie sollten also vor der Zeit abdanken. So geschah es auch; dies bezeugt Cic. rep. II 61 inita ratio est, ut et consules et tribuni pl. magistratu se abdicarent atque uti decemviri crearentur. Dass dies nicht etwa die für 303 designirten sondern die 302 im Amt befindlichen Consuln und Volkstribunen gewesen sind, geht aus der Einfachheit des Ausdrucks hervor, da im andern Falle wegen der Ungewöhnlichkeit und Eigenthümlichkeit des Vorgangs Cicero sicher nicht versäumt hätte, designati hinzuzufügen; bestätigt wird es dadurch, dass nur Consuln, noch keine Tribunen gewählt waren, als die Decemvirn ernannt wurden. Nur von jenen wird erzählt, dass sie Verzicht leisteten, Dion. X 56 οἱ δήμαρχοι τοὺς ἀποδειχθέντας ὑπάτους ᾔκειν ἠξίουν ἐμποδίσοντας τῷ δήμῳ τὰς ὑπαγγέσεις κἀκεῖνοι παρελθόντες ἐξωμόσαντο τὰς ὑπατείας; von den anderen Aemtern sagt Dionysios in der Fortsetzung dieses Berichtes bloss, dass sie abgeschafft wurden: αἱ δὲ τῶν δημάρχων τε καὶ ἀγορανόμων καὶ ταμιῶν καὶ εἴ τινες ἦσαν ἄλλαι πάτριοι Ῥωμαίοις ἀρχαὶ κατελύθησαν. Wären auch diese für das folgende Jahr schon besetzt gewesen, so hätte auch bei ihnen einer Abdication Erwähnung geschehen müssen. Es waren aber bloss Consuln bis dahin gewählt, Dion. X. 54 οἱ ὕπατοι πρόφασιν εὐπρεπῆ προυβάλοντο λέγοντες ἐν χερσὶν εἶναι τὸν τῶν ἀρχαιρεσιῶν καιρὸν καὶ δέον αὐτοὺς ὑπάτους πρῶτον ἀποδεῖξαι ποιήσειν δὲ τοῦτ' οὐκ εἰς μακράν. ἀποδειχθέντων δὲ τῶν ὑπάτων μετ' ἐκείνων ἔλεγον ἀνήσειν τῷ συνεδρίῳ τὴν περὶ τῶν νομοθετῶν διάγνωσιν. Dass auf die Consulnwahlen keine weiteren Ernennungen gefolgt sind, ist aus ὑπάτους ἀπέδειξαν καὶ μετὰ τοῦτο πᾶσαν ἀποθέμενοι τὴν τῶν κοινῶν φροντίδα διακλέψαι τὸν λοιπὸν χρόνον τῆς ὑπατείας διενοοῦντο deutlich zu entnehmen; wie denn auch der Darstellung des Dionysios zufolge der wahre Grund, welchen die Consuln hatten, als sie die Beschleunigung der Wahlen vorschlugen, nicht der von ihnen jedenfalls angegebene und von den Volksvertretern wirklich gehegte gewesen ist, den Amtswechsel zu beschleunigen sondern sich durch die neugewählten Consuln den Rücken zu decken.

Nach den Fasti consulares hatten die neugewählten Consuln das Amt bereits angetreten, als die Decemvirn gewählt wurden: abdicarunt ut decemviri consulari (imperio fier)ent. decemviri consular(i is impe)rio legibus s(cribundis fact)i eod. anno Ap. Claudius   qui cos. fue(rat. T. Genucius — qui) cos. fuer(at. Einer von beiden hat also auch die Wahl der Decemvirn geleitet. Wegen der Vorzüglichkeit der Quelle und bei der Unwahrscheinlichkeit, dass diese Darstellung aus der andern hervorgegangen ist, ziehen wir sie jener vor, welche vielleicht aus zu scharfer Deutung der im Verlauf des zweiten Decemvirats strittig gewordenen Bestimmung, dass dasselbe am 15. Mai als dem Epochentag seines Jahres abgelaufen sei, entstanden ist. Wir nehmen daher an, dass sämmtliche Beamte des J. 302 zum 15. Mai abdankten und die designirten Consuln nur deswegen und auf so lange ins Amt traten, bis sie die Wahl der Decemvirn vollziehen konnten. Ihre Amtsführung kam insofern einem Interregnum gleich[1]) und hat vielleicht auch nicht mehr als fünf Tage gedauert: wie in diesem, traten die Neugewählten sofort am Tag der Ernennung an und wurde die Zeit der Consuln als ein Theil, als der Anfang des Decemvirnjahres gerechnet. Demnach finden wir die eigentliche von Dionysios natürlich anders aufgefasste Bedeutung der Bestimmung: τούτοις ἄρχειν ἐνιαυτὸν ἀφ' ἧς ἂν ἀποδειχϑῶσιν ἡμέρας darin, dass die Decemvirn am Tag ihrer Wahl antreten und dass ihr Amt gleich dem Consulat ein jähriges sein solle. Dass Appius und Genucius eher als die acht andern zu Decemvirn gewählt worden seien, um dann die Wahl jener leiten zu können, wird nirgends bezeugt, es widerstreitet beiden Versionen; wir können daher die Wahl der acht andern nicht als Ergänzungswahl oder Cooptation auffassen. Becker (Handb. II 2, 134), auf welchen sich Mommsen in diesem Sinn beruft, hat die Angabe des Zonaras VII 18 ἄνδρας ὀκτὼ ἐκ τῶν πρώτων ἀνϑείλοντο καὶ Ἄππιον Κλαύδιον Τίτον τε Γενούκιον ἀπέδειξαν κατὰ τὸν ἐνιαυτὸν ἐκεῖνον στρατηγοῖς αὐτοκράτορας dazu benützt, jenen zwei Männern eine höhere Stellung zu vindiciren: aus den darauffolgenden Worten ἦξαν ἐφ' ἡμέραν ἕκαστος ἐναλλὰξ τὸ πρόσχημα τῆς ἡγεμονίας λαμβάνοντες geht indessen hervor, dass Dio Cassius mit Cicero, Livius und Dionysios in der Voraussetzung gleicher Machtvollkommenheit für alle zehn Gesetzgeber vollständig übereinstimmt. Der Text des Zonaras enthält, wie schon die widersprechende Verbindung der Worte ἀπέδειξαν κατὰ τὸν ἐνιαυτὸν ἐκεῖνον beweist, eine Verderbniss; er ist mit einer Lücke behaftet, welche dem Sinne nach sich in folgender Weise ausfüllen lässt: ἄνδρας ὀκτὼ ἐκ τῶν πρώτων ἀνϑείλοντο καὶ Ἄππιον Κλαύδιον Τίτον τε Γενούκιον, οὓς ὑπατεύειν ἀπέδειξαν κατὰ τὸν ἐνιαυτὸν ἐκεῖνον, στρατηγοῖς αὐτοκράτορας. Gerade durch die Annahme einer höheren Machtbefugniss des Appius und Genucius würde die Annahme einer Cooptation nach unserer Ansicht erschwert; aber auch bei gleicher Stellung aller würde dieselbe und die Auffassung qualitativer Gleichheit derselben mit dem Consulat kaum zu der Thatsache stimmen, dass die Decemvirn keine Beamten neben sich hatten und ihnen gegenüber keine Provocation bestand.

305—352 : 13. Dec. 439—392; vg. 449—402.

Die zweiten Decemvirn traten nach Ablauf ihres Jahres nicht vom Amte ab sondern behaupteten es widerrechtlich noch sieben Monate. Diese werden in den capitolinischen Consuln- und Triumphlisten und in

---

1) Analoge Fälle finden sich in den wegen vitioser Wahl geschehenen Abdankungen 361 und 392, vgl. zu 310.

der varronischen Aera (welche von jenen überhaupt nur darin abweicht, dass sie den Königen 244 statt 243 Jahre zählt) dem zweiten Decemvirnjahr 303 zugeschlagen, so dass wir hier den einzigen Fall haben, in welchem ein Stadtjahr die Dauer eines Natur- oder Kalenderjahres überschreitet; dagegen Livius (s. Mommsen Chronol. p. 121) und Dionysios X 6. XI 1 zählen drei Decemvirnjahre. Consequent und correct, da die Decemvirn thatsächlich ein neues Jahr begonnen hatten und gleich andern Collegien nur durch erzwungene Abdankung an der Vollendung desselben verhindert wurden, war es, drei Jahre zu zählen, wie denn dem ältesten Zeugniss, dem Censorenprotokoll von 362 bei Dionys. I 74 das varronische 118. Jahr der Republik als 119. Jahr zählt.

Der 13. December wird für 311 von Dion. XI 63, für 331 von Liv. IV 37, für 352 und die vorausgegangenen Jahre von Liv. V 9 und 11 als Antrittstag bezeugt; dass er schon 305 eingeführt worden, dass also das zweite Decemvirat 19 Monate gedauert hat, ist nicht überliefert. Mommsen Chronol. p. 92 folgert dies daraus, dass nach der Abdankung der Decemvirn zuerst die Volkstribunen und dann, offenbar unmittelbar nachher, die Consuln ernannt worden sind (Liv. III 54. 55): die Tribunen aber hätten bekanntlich am 10. December angetreten. Dieser Schluss ist als solcher desswegen nicht zulässig, weil die Praemisse keineswegs feststeht; seit wann der 10. December Amtsepoche der Tribunen war, ist erst noch zu untersuchen; sicher nur, dass er das nicht allzeit gewesen.

Antrittstag der Volkstribunen war in der späteren Zeit der 10. December; zuerst nachweisbar ist derselbe im J. 569, bei Livius XXXIX 52; dass er es von Anfang an gewesen behauptet Dion. VI 89; ihn widerlegen aber mehrere Zeugnisse, aus welchen schon Becker, Schwegler u. a. geschlossen haben, dass dieses Datum nicht von Anfang an unverändert bestanden hat. Nach Lange I 693 musste die Amtsepoche der Tribunen von Anfang an eine andere als die der curulischen Beamten sein, weil die Tribunen ganz ausserhalb der Magistratur standen, und auf den 10. December könne sie desswegen unmöglich von jeher gefallen sein, weil die nicht ganz dreijährige Unterbrechung durch das Decemvirat bei der Wiedereinsetzung nothwendig den Antrittstermin habe verschieben müssen. Diese Nothwendigkeit ist aber nicht ersichtlich: konnte nicht, wie Mommsen wirklich annimmt, das letzte Tribunat vor dem Decemvirat zufälliger Weise gerade so lange bestanden haben (vom 10. December 302 bis 15. Mai 303), dass bei der Wiedereinsetzung die drei Jahre voll wurden? Und woher wissen wir, dass die Volkstribunen nicht denselben Antrittstag haben konnten wie die curulischen Magistrate, da sie doch im weiteren Sinne des Wortes gleichfalls Magistrate gewesen sind. Während nun Mommsen aus der Zeit des tribunicischen Antrittstags auf die der consularischen im J. 305 schliesst, so folgert umgekehrt Lange jene aus dieser: weil (wie Mommsen behauptet, aber nicht erwiesen hat) die Consuln im J. 305 am 13. December ins Amt getreten seien und die Tribunen wenige Tage vorher, so müsse deren Antritt in diesem Jahre und zwar zum erstenmale auf den 10. December gefallen sein.

Vor dem Decemvirat traten die Volkstribunen mit den curulischen Beamten an und ab. Das letzte bei Dionys. X 47 ans 299 erwähnte Ereigniss ist die Wahl des Siccins zum Volkstribun, sein Amtsantritt aber wird X 48 ausdrücklich in den Anfang von 300 verlegt: Σίκκιος ὁ τὸν Αἰκανῶν στρατὸν αὐτῷ τῷ χάρακι ἀράμενος (im J. 299 Dion. X 47), δήμαρχος τότε ἀποδειχθεὶς ὥσπερ ἔφην, τῇ πρώτῃ τῆς ἀρχῆς ἡμέρᾳ θύσας σωτήρια κατὰ νόμον πρὶν ὁτιοῦν ἄλλο διαπράξασθαι τῶν κοινῶν προεῖπεν ἐν ἐκκλησίᾳ Ῥωμίλιον ἥξειν ἀπολογησόμενον, Λοίκιος δὲ τότ' ἀγορανομῶν, δήμαρχος δὲ τῷ παρελθόντι ἔτει γεγονὼς τὸν ἕτερον τῶν περυσινῶν ὑπάτων εἰς ὁμοίαν δίκην προεκαλέσατο, vgl. Liv. III 31, 5. Ebenso sind die 297 gewählten Tribunen erst im J. 298 thätig, Liv. III 31, 1 tribuni plebis refecti. hi sequente anno T. Romilio C. Veturio coss. legem omnibus contionibus suis celebrabant. Die Jahre der Tribunen sind genau dieselben wie die der Consuln: Liv. III 9, 1 G. Terentilius Harsa tribunus plebis eo anno (292) fuit; § 8 si quem similem eius priore anno (291) inter morbum bellumque irati dii tribunum dedissent, non potuisse sisti, mortuis duobus consulibus, iacente aegra civitate; die Krankheit hatte aber mit Anfang des J. 291 begonnen und mit dessen Ende aufgehört (III 8, 1. Dion. IX 67). Dem entspricht es, dass im J. 298 Terentilius schon am Anfang nicht mehr Tribun ist, L. III 10 anno insequenti lex Terentilia ab toto relata collegio novos adgressa consules est; Dion. X 1 τὸ πολίτευμα τοῦτο πρῶτος ἐπείρασεν εἰσαγαγεῖν Γάιος Τερέντιος δήμαρχον ἐν τῷ παρόντι ἔτει, ἀτελὲς δ' ἠναγκάσθη καταλιπεῖν τῶν ὑπάτων ἐπιτηδὲς ἐν τῇ πολεμίᾳ γῇ τὰς δυνάμεις κατασχόντων ἕως ὁ τῆς ἀρχῆς αὐτοῖς παρήλθη χρόνος. τότε δ' αὖ παραλαβόντες οἱ περὶ Αὖλον Οὐεργίνιον δήμαρχον τελειῶσαι ἐβούλοντο. Aus Liv. III 10 hae tenuere (tribunorum) contentiones usque ad comitia consulis subrogandi; Decembri mense Cincinnatus consul creatur ersehen wir, dass im J. 294 am 10. December die Tribunen nicht wechselten; es sind dieselben, welche auch nach dem Antritt des Ersatzconsuls an der Spitze der Bewegung standen. Darum fällt die Wahl ihrer Nachfolger in dieselben Tage wie die der Consuln, III 21 in reliquum magistratus continuari et eosdem tribunos refici indicare senatum contra remp. esse. tribuni reclamantibus coss. refecti, patres quoque L. Quinctium coss. reficiebant; ebenso 281 Liv. II 56, 1 Voleronem plebs proximis comitiis tribunum plebi creat in eum annum qui L. Pinarium G. Furium coss. habuit und 282 Liv. II 56, 5 res in annum extrahitur: plebs Voleronem reficit, patres Ap. Claudium consulem faciunt; Dion. IX 42 ἐπ' ἐξόδῳ τῆς ἀρχῆς ὢν ὁ Πόπλιος τῶν ἀρχαιρεσίων ἐπιστάντων μετῄει πάλιν τὴν δημαρχίαν εἰς τὸν ἐπιόντα ἐνιαυτὸν καὶ ἀποδείκνυται πάλιν δήμαρχος, οἱ δὲ πατρίκιοι Ἄππιον Κλαύδιον ἐψηφίσαντο ὕπατον. [1]) Darum fallen die Wahlen der Tribunen ans Ende des Consulnjahres, L. III 24 periculoso magna pars credebant tribunos, at illi, etenim extremum anni (295) iam erat, quartum adfectantes tribunatum in comitiorum disceptationem ab lege certamen averterant, und III 29 extremo anno (296) agitatum de lege ab tribunis est; sed ne quid ferretur ad populum, patres tenuere; plebes vicit ut quintum eosdem tribunos crearent.

Verschiedenheit der Amtszeit zwischen Volkstribunen und curulischen Beamten lässt sich zuerst im Jahre 310 nachweisen. Als damals die Consulartribunen, also die curulischen Beamten, wegen fehlerhafter Wahl am 73. Tag ihrer Regierung abtreten mussten, blieben die Volkstribunen im Amte, Liv. IV 7 patricii cum sine c u r u l i magistratu resp. esset, coiere et interregem creavere; also war das IV 43, 8 angegebene Zusammentreffen des beiderseitigen Personenwechsels nur zufällig, weil und so lange die Magistrate am 13. December antraten, dem der jetzt feststehende Antrittstag der Tribunen so nahe lag. Ebenso traf die Verkürzung des Amtsjahres, durch welche für 353 der Antritt der curulischen Beamten sich vom 13. December auf den 1. October zurückschob, die Volkstribunen nicht mit: die Wahl ihrer Nachfolger fiel erst in den Lauf dieses Stadtjahrs, als die Aushebung und Steuerzahlung für den Krieg betrieben wurde, Liv. V 10, 3 und 10; dieselben Volkstribunen amtirten also jetzt in zwei auf einander folgenden Consuljahren. Seit spätestens 310 finden wir trotz der vielen Verschiebungen, welche von 352 an den Antrittstag der Consuln betrafen, die Amtsdauer der Tribunen nicht davon berührt, sie richtet sich nicht mehr nach jenem. Zwischen 299 und 310 ist also die Amtszeit der Volkstribunen gesetzlich geregelt, die Unverkürzbarkeit ihres Jahres ausgesprochen und, was dem gleich ist, ihr Antrittstag ein für allemal auf den 10. December fixirt worden. Es liegt nahe mit Lange, Mommsen u. a. zu vermuthen, dass dies bei der Wiedereinführung des Tribunats geschehen ist, und es hat die höchste Wahrscheinlichkeit, dass die Fixirung mit der damaligen Neuorganisation dieser Stelle in Zusammenhang steht; aber man darf nicht übersehen, dass diese ganz oder vorwiegend erst im Jahr nach der Wiedereinsetzung vor sich gegangen ist, dass also das J. 306 mindestens ebenso grossen Anspruch auf die Ehre hat, Anfangsjahr des zeitlich fixirten Tribunats zu sein. Die constituirenden Akte, welche am Schluss des J. 304 vor sich gingen: die Wahl von zehn Volkstribunen, der Vorschlag und die Genehmigung der lex Icilia, Amnestie betreffend, und des duillischen Antrags auf Consulnwahl mit Provocation, erzählt Livius III 54, 11—15 in einer Weise, dass man annehmen muss, es sei ihm darum

---

1) Nur 297 sind die Wahlen, aber nicht der Amtsantritt, zu verschiedener Zeit, L. III 30 tribunicia comitia, ne id quoque post bellum ut cetera vanum esset, extemplo habita, vgl. Dion. X 30. Scheinbar ist das nach Liv. II 54 auch 283 geschehen; dort sind aber die Tribunenwahlen wegen einer die Tributcomitien betreffenden Neuerung vor der Zeit erwähnt, in Wirklichkeit haben sie, wie aus Vergleichung von Dion. IX 49 mit c. 50 erhellt, später stattgefunden.

zu thun gewesen, keinen Akt dieser Art zu übergeben (§ 15 ea omnia in pratis Flaminiis concilio plebis acta). Im Laufe des J. 305 kam es dann zu Gesetzen theils über die Magistratur theils über das Volkstribunat, von welchen die letzteren auf Befestigung dieses Amts und der Plebeierfreiheit abzielten (56, 1 fundata deinde et potestate tribunicia et plebis libertate). Hier ist Livius weniger vollständig. Er nennt nur die lex Duillia, welche den Tribunen, die nicht für die Nachfolge eines vollständigen Collegiums sorgten, und den Beamten, die einen Magistrat ohne Provocation wählen liessen, den Tod androhte (55, 15). Genau demselben Zweck diente aber die Fixirung des Antrittstages der Tribunen: durch sie wurde dieser Würde die ewig gleiche Dauer eines Jahres verbürgt und sie allen Schwankungen und Gefährdungen ihres Bestandes, welche früher die Gleichzeitigkeit mit dem Consulat in Wahl und Antritt herbeigeführt hatte, enthoben. Fortan mochten die Wahlen der curulischen Aemter durch Parteiumtriebe verzögert und ganz vereitelt werden, mochte Interregnum und Stillstand der Regierung eintreten: die Vertretung der Plebs wurde davon nicht berührt, das Volkstribunat war ewig. Die gesetzliche Fixirung der tribunicischen Amtszeit ist demnach als eine wesentliche Ergänzung der lex Duillia anzusehen und da Livius die in diesem Jahr geschehene Uebertragung der Quaestorenwahl an das Volk (vgl. IV 43) hier nicht erwähnt hat, so steht nichts im Wege, die gleiche Uebergehung betreffs der tribunicischen Amtsepoche an dieser Stelle anzunehmen.

Die ersten Tribunen, welche die Wohlthat einer gesetzlich fixirten Amtsfrist genossen, waren demnach wahrscheinlich die von 306, nicht 305. Ist dies der Fall, so wird auch der oben erwähnte Schluss aus dem Vorhergehen der Tribunenwahl vor der Consulnwahl für 305 hinfällig: ob schon 305 die Tribunen am 10. December in das Amt traten, ist nunmehr ungewiss; man kann also daraus nicht folgern, dass die Consuln am 13. December angetreten haben. Nach Schwegler II 68 und Peter I 160 wären die neuen Consuln schon im Sommer, etwa im Juli, an die Stelle der Decemvirn getreten, deren usurpirte Gewalt hienach kaum zwei Monate lang gedauert hätte. Der Sturz der Decemvirn falle in die Zeit, als die Kriege mit den Aequern und Volskern im vollen Gange waren, und die neuen Consuln, welche diese Kriege fortsetzten, hätten am 13. und 24. August triumphirt. Erst durch die Wirren des J. 310 sei die Amtsepoche der Consuln verspätet und auf den 13. December geschoben worden. Der Krieg des J. 305 bildet jedoch keineswegs die Fortsetzung des 304 geführten. Dieser war mit der Heimkehr des Heeres, dessen grösster Theil dann die Secession auf den Aventinus und darnach auf den Heiligen Berg ausführte, gänzlich zum Stillstand gekommen; erst nach einer längeren Pause, nachdem inzwischen zu Rom der innere Friede wiederhergestellt war, erfuhr man, dass die benachbarten Völker Kriegsvorbereitungen machten (Liv. III 57. Dion. XI 47). Der Krieg, welcher dann folgte, ist also ein ganz neuer, wie denn auch die Feinde nicht ganz dieselben sind: die Volsker hatten 304 keinen Theil genommen (Liv. III 40. Dion. XI 23). Bei Schwegler und Peter fallen die Triumphe einen Monat nach dem Sturz des Decemvirats; wie reimt sich aber damit III 61, wo vor der Schlacht (noch dazu mit rhetorischer Abschwächung des Zwischenraums) gesagt wird: libertas parta paucis ante mensibus.

Auf Einführung der curulischen Amtsepoche 13. December schon im J. 305 schliessen wir zunächst daraus, dass von da bis 310 die Geschichte kein Ereigniss an die Hand gibt, welches eine Verschiebung derselben hätte herbeiführen können, und wir finden eine Bestätigung dieser Ansicht in Stellen wie Liv. III 39,10 qui anno iam prope senatum non habuerint; 40,10 per tot menses vacua civitate; 38,8 intermiscrant iam diu morem consulendi senatus; und: cur ex tanto intervallo rem desuetam usurparent. Fast schon ein Jahr dauernd konnte die Usurpation nur dann genannt werden, wenn die Hälfte des Jahres bereits überschritten war: vom 15. Mai bis zum 13. December sind aber gerade 7 Monate. Dass aber der 13. December schon im J. 305 wirklicher Antrittstag der Consuln war, bezweifeln wir desswegen, weil eine (kurze) Regierungsvorwesung vorausgegangen war, welche nach Analogie der sicheren Fälle den Anfang des Jahres bildet; und auch wenn man das nicht zugeben wollte, so ist es doch unwahrscheinlich, weil die neuen Consuln noch am Tag der Wahl antraten (III 55,1): denn an den Idus durfte, wenigstens in späterer Zeit, nicht gewählt werden. Wir nehmen daher an, dass die Consuln des J. 305 um Mitte December antraten und mit dem nächsten Jahr die sollenne Epoche, der 13. December eintrat. Die Tribunen für 305 waren wenige Tage vor den Consuln gewählt worden; dem entsprechend, und um ihre Wahl nicht durch die der Consuln beeinflussen zu lassen, wurde ihre Antrittsepoche um drei Tage früher gesetzt.

Im J. 310 kamen zum ersten Mal Consulartribunen zur Regierung, die aber schon im dritten Monat (Liv. IV 7), am 73. Tag ihrer Amtsführung (Dion. XI 63) wegen fehlerhafter Wahl abdanken mussten. An ihre Stelle traten nach einem gewöhnlichen Interregnum Consuln, welche den Rest dieses Jahres hindurch regierten. Mommsen Chron. p. 93 erklärt diese Consuln für erdichtet: erst in der Periode des gesetzlich fixirten Antrittstages seien sufficirte Collegien nachweisbar, vorher hätte nach der Abdankung eines Amtscollegiums das neue immer ein volles Jahr regiert. Dem widerspricht der Fall von 592, für welchen Mommsen ohne Grund das Bestehen eines gesetzlich fixirten Antrittstags annimmt (s. u.); ebenso 361, dessen von Livius erwähnte Consuln in der capitolinischen Liste Vorgänger haben. Die Ergänzung von Borghesi und Henzen: vitio facti abdicaru)nt. in e(orum locum facti sunt glaubt Mommsen inscr. lat. p. 444 durch non iniern)nt. in e(orum l. f. s. ersetzen zu können;

es ist aber nicht wahrscheinlich, dass in die Liste auch Leute aufgenommen wurden, die in dem betreffenden Jahr gar nicht regiert hatten, und ebenso wenig, dass der Chronograph von 354, welcher die Namen der fraglichen Consuln anstatt ihrer Nachfolger gibt, sie eingetragen hätte, wenn im Original zu lesen war, dass sie gar nicht zum Antritt des Amtes gekommen waren. Die Ergänzung abdicarunt ist allein annehmbar und wir ersehen aus den drei Fällen der Jahre 310 361 und 592, dass von jeher nach Abdankung wegen vitioser Wahl die Nachfolger als blosse Ersatzconsuln angesehen wurden, welchen nur der Rest des Jahres zur Regierung blieb. Anders lagen die Dinge bei den Consulartribunen von 357: ihre Regierung erschien nach siebenmonatlicher Dauer als gottverhasst wegen der Ueberschwemmung des Albanersees, welche unter derselben eintrat und nicht aufhörte; man vermuthete deswegen, es möchten bei ihrer Wahl Fehler gemacht und die Latinerfeier von ihnen nicht ordentlich veranstaltet worden sein (Liv. V 17, 2), bewiesen wurde es ihnen nicht. Ihre Regierung und Abdankung galt daher der von Oberbeamten gleich, welche im Kriege Unglück hatten: ihre Nachfolger begannen ein neues Jahr.

Dass die Ueberlieferung schwankt, kann keinen Verdacht erregen. Nach Dion. XI 63 wurden von manchen bloss die Consulartribunen, von andern die Consuln, von nicht vielen beide erwähnt:[1]) gerade so nennt der erwähnte Chronograph bloss das erste Consulpaar von 361, Livius das zweite, die capitolinische Tafel beide; einen Verdachtgrund gegen das eine oder das andere hat Niemand daraus abgeleitet. Auch ist das Schwanken leicht zu erklären. Die Consulartribunen wurden wie die Consuln, welche am Anfang von 303 und 361 auftreten, weggelassen, weil sie nur kurze Zeit und thatenlos regiert, und vor allem weil sie gar nicht die göttliche Sanction erhalten hatten. Andere umgekehrt beschränkten sich, wie Livius erkannt hat, gerade deswegen darauf, nur sie zu nennen, weil sie eben am Anfang standen. Dieses Verfahren, die Folge einer gedankenlosen, um die Geschichte des Jahres unbekümmerten Operation, ist von blossen Listenschreibern zu erwarten, es findet sich auch dem entsprechend bei dem Chronographen (wie 361 ebenfalls) und in dem von Livius angeführten Beamtenverzeichniss; das erste und, wenn einmal weggelassen wird, weit bessere bei Diodor. Dass aber auch ältere Annalisten, wie Livius bezeugt, diesmal dem Verfahren der Listenführer gehuldigt haben, hat seinen besondern Grund. Das Jahr 310 ist epochemachend in der römischen Verfassungsgeschichte wie 261 272 303 305 311 u. a.: es sah die ersten Consulartribunen, dies mochte manchem wichtig und der Umstand, dass sie sich nicht im Amt erhielten, weniger ausschlaggebend erscheinen.

---

1) Liv. IV 7 consules neque in annalibus priscis neque in libris magistratuum inveniuntur scheint den Consuln alte Ueberlieferung abzusprechen; er hat aber in den seltenen Fällen, wo er mehrere Quellen vergleicht, in der Regel nur zwei oder drei zu Rath gezogen, vgl. IV 23. Als Consuln 310 und Censoren 311 kennt den Atratinus und Magillanus auch Cicero ad fam. IX 21.

Lassen wir innere Gründe mitsprechen, so zeigt sich die Darstellung des Livius, Dionysios und ihrer Autoritäten, welcher zufolge die Consulartribunen wegen eines Formfehlers ihrer Wahl bald wieder abdanken mussten, so ächt geschichtlich wie nur irgend eine Meldung aus diesen dunklen Zeiten; wie in andern Fällen hat die Nobilität die Religion benützt, um der Plebs die mühsam zu Wege gebrachte Errungenschaft aus den Händen zu schlagen. Hätte Liciuius Macer diese Darstellung erdichtet, so würde er doch, was für ihn in diesem Fall die Hauptsache gewesen wäre, hinzugefügt haben, dass der angebliche Formfehler eine von den Patriciern ersonnene Ausflucht war. Consequenter Weise muss Mommsen auch die Nachricht des Livius IV 8, 7 verwerfen, dass den Consuln von 310 deswegen im nächsten Jahr die neu errichtete Censur übertragen worden sei, weil ihr Consulat kein volles Jahr gedauert hatte. Zu diesem Behuf erklärt er den ganzen Bericht, in welchem sie vorkommt, für unächt: die Gründung der Censur gehöre dem Jahre 319 an, in welches Livius die zweite Censur setzt. Die Gründe, welche er für dieses Verdammungsurtheil anführt: dass 319 das Schatzungsgebäude eingerichtet und die Dauer des Amtes gesetzlich auf 18 Monate festgestellt worden ist, beweisen hiefür gar nichts: jenes Gebäude hätte auch vor der Uebertragung der Schatzungsgeschäftes an eine eigene Behörde gegründet worden können und die Regulirung der Amtsdauer ist ein Entwicklungsfortschritt wie wir ihn auch in der Geschichte des Consulats und Volkstribunats vorfinden. Boor, fasti censorii p. 36 ff. ist, trotz der Zustimmung welche er im Uebrigen der Ausicht Mommsens von der Interpolation der Fasten des J. 310 entgegenbringt, von der Triftigkeit der so eben angeführten Gründe nicht überzeugt worden: er hält an der Einrichtung der Censur vor 319 fest und erklärt die angeblichen Consuln des J 310 für Censoren: wie anderwärts diese irrig für Consulartribunen angesehen und diesen zugezählt wurden, so habe man hier sie mit Consuln verwechselt. Diese Vergleichung hinkt; wenn sie gelten sollte, müsste man den Atratinus und Mugillanus den Consulartribunen beigezählt sehen. Was aber noch wichtiger ist: diese Männer haben einen Bundesvertrag mit Ardea abgeschlossen; das ist ein Geschäft, welches nicht zur Competenz der Censur gehörte.

Hiemit kommen wir auf den Punkt zu sprechen, welcher allein von jedem Versuch, das Consulat des J. 310 für unächt zu erklären, hätte abschrecken sollen: seine Geschichtlichkeit ruht auf gleichzeitigen Zeugnissen, deren eines, eben jenen Vertrag, auch Mommsen nicht umzustossen gewagt hat; er versucht es nur umzudeuten, freilich in wenig durchschlagender Weise. Derselbe habe, vielleicht unter der allgemeinen Bezeichnung praetores, zwei Beamtennamen angeführt, welche man in der Magistratsliste vergebens suchte und desswegen beim J. 310 unterbrachte, weil nach dem Conflict mit Ardea 308. 309 die Erneuerung des Bundes in diesem Jahr zu passen schien, wobei man übersehen habe, dass unter den Consulartribunen von 338 die gesuchten Namen wirklich vorkommen;[1] nachdem dies geschehen, habe man der Ueberlieferung

---

1) Dort freilich Marcus Papirius Mugillanus, hier Lucius.

noch grobe Lügen und Betrügereien hinzugefügt. Wir fragen aber, wie es möglich ist, dass Rom mit einer Stadt im J. 338 einen Bundesvertrag abschloss, welche seit 312 [1]) römische Colonie war? Da es 308 und 309 noch Händel zwischen beiden Städten gegeben hat, so muss der Vertrag 310 oder 311 abgeschlossen worden sein; dass dies in der That 310 geschehen ist, lehrt die Geschichte des J. 311 bei Livius IV 8, 1 legati ab Ardea veniunt pro veterrima societate renovatoque foedere recenti auxilium prope eversae urbi inplorantes etc.; die ‚uralte Verbindung' allein würde nach den Feindseligkeiten der Jahre 308 und 309 nur wenig Anspruch auf Gewährung der Bitte begründet haben.

Hienach ist klar, was wir von der Behauptung, dass Licinius Macer wissentlich lüge, wenn er sich auf die Leinwandbücher im Monetatempel beruft, und von dem Zweifel welcher hiedurch sei es auf die Existenz oder auf den Inhalt dieser Bücher geworfen wird zu halten haben. Wie wenig Grund von vorn herein zu Verdächtigungen dieser Art vorliegt, braucht nicht des Weiteren erörtert zu werden; es genügt hierüber auf Peter fr. hist. p. CCCXLV zu verweisen, um so mehr als auch dieser Gelehrte gegen die Ansicht Mommsens von den Beamten des J. 310 nichts einzuwenden hat.

Das J. 334 begann, da die Wahlen im Vorjahr nicht zu Stande gekommen waren, ohne curulische Beamte; erst nachdem seine grössere Hälfte (maior pars anni) verlaufen war, kam es zur Wahl von Consuln, welche demnach, da der 13. December Antrittstag blieb, nicht einmal ein halbes Jahr regiert haben. Dies widerstreitet der Lehre, dass vor der Einführung eines festen Antrittstags die Amtscollegien immer auf ein volles Jahr eingetreten seien, und Mommsen benützt die Meldung, dass die Volkstribunen den Zusammentritt der Patricier zur Bestellung eines Interrex verhindert hätten, welche er für den Ausfluss einer staatsrechtlich wie praktisch gleich unsinnigen Vorstellung erklärt (Chron. p. 98. Röm. Forsch. p. 233), um den ganzen Bericht als Erdichtung zu verwerfen. Der Zusammentritt der Patricier geschah aber, wie aus Livius III 40, 7. V 17, 3 herrorgeht, nicht von selbst sondern auf Berufung durch Senatusconsult und im J. 702 verhinderte die Einsprache des Volkstribunen T. Munatius den Berufungsbeschluss so lange, bis jener sie zurückzog, Asconius in Cic. Mil. § 5; erst dann erliess der Senat das Consult, welches die Patricier zusammenrief, Dio Cass. XL 49. Wenn Mommsen Staatsr. I 632 behauptet, erst durch die Bekleidung des Volkstribunats mit dem Recht den Senat zu berufen sei das Zustandekommen eines solchen Senatusconsults bei Erledigung der Magistratur möglich geworden, weil vorher eine zur Herbeiführung desselben geeignete Persönlichkeit nicht vorhanden gewesen sei, so mag das auf gewöhnliche Fälle zutreffen; aber in Ausnahmsfällen, wo der Fortbestand des ganzen Staatswesens in Frage gestellt war, ist Rath und Gemeinde nie um Ausnahmsmassregeln verlegen gewesen und es kann z. B. der Oberpontifex, der Erbe des Königthums in sacralen Dingen, ebenso gut in solchen Noth-

---
[1]) Schwegler III 196.

fällen seine Competenz ausserordentlicher Weise auf das politische Gebiet ausgedehnt haben wie es bei der Wahl der Volkstribunen nach dem Decemvirat der Fall gewesen ist, Cicero bei Ascon. p. 77 decem tribunos plebis per pontificem, quod magistratus nullus erat, creaverunt.

353 : 1. Okt. 391; vg. 401.

Nachdem der 13. December sich fast ein halbes Jahrhundert lang als Antrittstag der patricischen Beamten behauptet hatte, erfuhr die Dauer des Amtsjahres neue Störungen durch die Vorgänge des langen Veienterkriegs; die erste wurde durch die grosse Niederlage der Consulartribunen von 352 herbeigeführt, in Folge deren ihre vorzeitige Abdankung und Antritt ihrer Nachfolger um 1. Oktober beschlossen ward, Liv. V 9 censuere extemplo novos tribunos militum creandos esse, qui kal. Octobribus magistratum occiperent; V 11 populum Romanum tribunos creasse qui non idibus Decembribus die sollemni sed extemplo kal. Octobribus magistratum occiperent. Die erste wenn auch nur allgemeine Bestätigung unsrer Reduction der römischen Aera fällt in dieses (oder in das folgende) Jahr. s. oben p. 101; dieses selbst wurde vor der Zeit abgebrochen, s. d. Folg.

354 – 357 : Sommer 390 – 387; vg. 400 – 397.

Als das nächste Amtscollegium, dessen Dauer eine Störung erlitten haben kann, bezeichnet man das Jahr 357; dass aber auch schon zwischen 353 und 356 eine solche eingetreten ist, erhellt aus den Angaben über das J. 356, Liv. V 14 priore anno (näml. 355) intolerandam hiemem prodigiisque divinis similem coortam, proximo (356) non prodigia solum sed iam eventus, pestilentiam agris urbique illatam, vgl. mit V 13 tristem hiemem sive ex intemperie caeli raptim mutatione in contrarium factu sive alia qua de causa gravis pestilensque omnibus animalibus aestas excepit. Der Anfang des Amtsjahres fiel also jetzt, da der Sommer einem andern Amtsjahr angehört als der vorausgegangene Winter, nicht mehr auf den 1. Oktober sondern entweder in den Frühling oder in die erste Hälfte des Sommers. In der Geschichte der Jahre 354 und 355 ist kein Ereigniss aufzufinden, welches zum vorzeitigen Abgang der Beamten hätte führen können: sie verliefen nach innen ruhig und friedlich, nach aussen ohne Unfall; es bleibt demnach bloss das Jahr 353 übrig. in diesem sind aber auch wirklich die Vorbedingungen einer solchen Störung zu finden. Nach Livius V 10 führte man zu gleicher Zeit vor Veii Capena Falerii und Anxur Krieg, so dass zum Schutz der Stadt die älteren Jahrgänge ausgehoben wurden; dies und die Einhebung der Kriegssteuer, welche sich durch die Verstärkung des Heeres erhöht hatte, machte die in der Stadt gebliebene Bürgerschaft unzufrieden und die Volkstribunen schürten den Unmuth. Als die Wahl der neuen Tribunen für den 10. December nur durch Cooptation zu Stande kam und das Ergebniss derselben neue, von dem Tribun Trebonius rege erhaltene Unzufriedenheit hervorrief (Liv. V 11), mussten dieser zunächst die Consulartribunen des vorh. Jahres zum Ableiter dienen: sie wurden zu einer schweren Geldstrafe verurtheilt (L. V 12). Dann meldeten die Volstribunen ein neues Ackergesetz an und hemmten zugleich die Zahlung der Kriegssteuer, obgleich der Gang, welchen der Krieg nahm, erhöhte Anstrengungen heischte. Denn vor Veii musste man froh sein, das verlorene Lager wieder gewonnen zu haben, und sich bemühen, dasselbe besser zu schützen; Falerii, Capena und Anxur wurden vergebens berannt, und nur letztere Stadt mit Wall und Graben eingeschlossen. Bei solchem Stand der äusseren Angelegenheiten brach der Hader in der Stadt aus und die durch die Steuerverweigerung herbeigeführte Unterlassung der Soldzahlung hätte fast auch einen Lageraufstand zu Weg gebracht. Der Streit wurde durch die Nachgiebigkeit der Patricier beigelegt, welche endlich, nach mehr als vierzigjährigem Widerstand in die Wahl eines plebeischen Consulartribuns willigten. Die näheren Umstände, welche den Sieg der Plebs herbeiführten, hat Livius, wie Weissenborn bemerkt, übergangen und aus dieser abgerissenen Kürze seiner Darstellung erklärt es sich denn auch, dass von dem vorzeitigen Abtritt der alten Jahresbeamten nichts verlautet. Die Verkürzung des Amtsjahrs fällt demnach, wie meist, in die Zeit schwerer innerer Kämpfe: vermuthlich war der sofortige Antritt der neuen Consulartribunen eine Friedensbedingung, welche die Wortführer der Plebs im Interesse der Sicherung des wichtigen Zugeständnisses stellten.

Aus Liv. V 12,5 in Faliscis et in Capenate agro hostes nulli extra moenia inventi; praedae actae incendiisque villarum ac frugum vastati fines ist zu schliessen, dass vor dem Parteienstreit, welcher zum vor-

zeitigen Abgang der Consulartribunen des J. 353 führte, bereits die
Jahreszeit eingetreten war, in welcher das Getreide in den Halm schiesst;
der neue Jahreswechsel mag demnach in den Juli gesetzt werden und
die Seuche des heissen Sommers 355, welche auf den harten Winter
von 354 folgte, Folge einer Steigerung der aria cattiva gewesen
sein, welche jetzt vom Juli bis zum Oktober die ewige Stadt heimzu-
suchen pflegt und im Alterthum am stärksten im August auftrat (Horat.
epist. 1 7, 2).

356—362 : 13. Dec. 367—383 ; vg. 397—393.

Als 357 die im Laufe des vorhergehenden Jahres wegen der Ueberschwemmung des Albanersees abgeschickten Gesandten von Delphi zurück-
kehrten, wurde rasch die Anlegung des nachmals berühmten Emissars
in Angriff genommen und zugleich unter Beihülfe des etruskischen Wahr-
sagers, dessen Aussprüche sich glänzend bewährt hatten, nach Mitteln
geforscht, um die sichtlich erzürnten Götter zu besänftigen. Endlich
glaubte man die Ursache des Uebels errathen zu haben: man hatte vermuthlich (profecto) bei der Beamtenwahl und bei der Latinerfeier sich Fehler
zu Schulden kommen lassen. Die Consulartribunen mussten abdanken;
der dritte Interrex bewerkstelligte die Neuwahl (Liv. V 17). Den neuen
Antrittstag glauben wir mit ziemlicher Sicherheit ermitteln zu können.
Während des Interregnum (Liv. V 17, 6) wurde der etruskische Landtag
abgehalten, bei welchem vergeblich auf Entsatz des belagerten Veii an-
getragen ward. Da die Beschlussfassung über Krieg und Frieden eine
Hauptaufgabe des Landtags bildete, so ist die Jahreszeit seiner ordent-
lichen Sitzungen wahrscheinlich der Winter gewesen. Der bei L. V 1, 6
erwähnte war bald nach der Königswahl in Veii, welche zu gleicher Zeit
mit den römischen Beamtenwahlen für 351, also um den 1. December
stattgefunden hatte, und der IV 61, 2 genannte um Beginn der Belagerung
von Veii, welche wahrscheinlich gleich zu Anfang des J. 349, also bald
nach dem 13. December anhob, da der Beschluss Veii zu belagern und die
hauptsächlich auf die Ermöglichung von Winterfeldzügen berechnete Einführung des Soldes dem vorausgegangenen Jahre angehört (Liv. IV 60). Aus L.
V 26, 1—2; 29, 1—2 ersehen wir, dass in den Jahren 359 und 360 die
Wahlen der Volkstribunen, welche jetzt ständig am 10. December antreten,

und die der curulischen Beamten hart aufeinander folgten; dem entsprechend wird auch V 29, 6 dies dicta erat tribunis plebi bienni superioris vorausgesetzt, dass das Jahr beider dasselbe war. Hieraus ergibt sich, dass der alte Antrittstermin des 13. December wieder aufgekommen war, und wenn der etruskische Landtag, welchen wir bald nach diesem Tage setzen müssen, von 357 zu 358 während des Interregnums stattfand, so erhellt, dass dieses den Anfang des neuen Amtsjahrs bildete.

Dass das J. 358 d. St. nicht mit 396 sondern mit 386 v. Ch. zu gleichen ist, beweisen die oben cap. II 1; III 3 angeführten, in d. Römisch-griech. Synchronismen p. 543 und 571 ausführlich besprochenen Gleichzeitigkeiten.

Im Stadtjahr 360 wurde die Trireme, welche das Weihgeschenk von der Vejenterbeute nach Delphi bringen sollte, unweit der sicilischen Meerenge von liparischen Seeräubern (Liv. V 28. Diod. XIV 93) oder nach der besseren Ueberlieferung (Plut. Cam. 8, a. Schwegler III 230) als vermeintliches Corsarenschiff von liparischen Kreuzern aufgebracht, in Lipara aber freigegeben und nach Delphi geleitet. Nach obiger Rechnung wäre das 384 v. Chr. geschehen. Gerade in diesem Jahre geschah es, dass Dionysios I von Syrakus, angeblich um dem Seeraub zu steuern, eine grosse Seeunternehmung nordwärts richtete, nach Strab. V 2, 8 gegen Corsica, nach Diod. XV 14 und Polyaen V 2, 21 gegen die Etrusker; bei welcher Gelegenheit er die an das römisch-veientische Gebiet angrenzende Küstengegend heimsuchte und Pyrgoi, das Hauptnest der Seeräuber, [1]) überfiel und ausplünderte. — Ueber die Consuln von 361 a. zum J. 310.

363—366 : 1. Juli 382—379 ; vg. 391—388.

Als im J. 366 eine schwere Seuche auch die beiden Consuln ergriff und sie dienstunfähig machte, wurde ihre Enthebung und damit die Abkürzung jenes Amtsjahres beschlossen, Liv. V 31 placuit per interregnum renovari auspicia; der dritte Interrex wählte Consulartribunen, welche am 1. Juli antraten, L. V 32 kal. Qninctilibus magistratum occepere. Zu dieser Epoche stimmen die Data des nächsten Jahres; in dessen erste Wochen fiel die Schlacht an der Allia, welche am 18. Juli geschlagen wurde: denn die Gallier brachen gegen Rom auf, weil die Gesandten, welche im J. 363 gegen sie bei Clusium mitgekämpft hatten, inzwischen zu Consulartribunen für 364 gewählt worden waren. Das Interregnum begann 13—15 Tage vor dem 1. Juli, also erst nach dem 13. Juni; da-

---

1) Serv. ad Aen. X 184 castellum nobilissimum eo tempore quo Tusci piraticam exercuerunt.

her zählen diese Tage gleich dem Interregnum von 274 5 noch zu dem alten Jahr. Schwierigkeit macht, dass die Erntezeit damals schon begonnen hatte, Dion. Hal. XIII 4 ἀπὸ ἀνομβρίας καὶ αὐχμῶν κακωθεῖσα ἥ τε δενδρῖτις καὶ ἡ σιτοφόρος ὀλίγους μὲν ἀνθρώποις καρποὺς ἐξήνεγκε καὶ νοστερούς, ὀλίγην δὲ καὶ πονηρὰν βοσκήμασι νομήν. Mit Aug. Mommsen glaubt Weissenborn, die Abdankung der Consuln habe in einer späteren Zeit des Kalenderjahres stattgefunden und man habe den 1. Juli nur desswegen für 363 als Anfangstag aufgestellt, weil es überliefert war, dass die Alliaschlacht der Mitte des Juli angehöre. Solche Hypothesen wurden schwerlich ausgedacht; man brauchte sie nicht, weil in den Grossen Annalen alle Data der Amtsgeschichte verzeichnet waren. Die Regel des Varro r. r. I 32 und Plinius hist. XVIII 265, dass die Ernte mit der Sonnwende beginne, gilt bloss vom Waizen; die Gerste wurde früher geschnitten. Colum. XI 2, 50 his diebus (vom 13. bis zum letzten Juni) hordeum metere; Palladius VII 2 nunc (Junio mense) primo hordei messis incipitur. nunc etiam mense postremo locis maritimis et calidioribus ac siccis tritici messis absciditur. Auch entsprach der altrömische 17. Juni 362, um welchen das Interregnum eintrat, vielleicht dem julianischen 22. Juni 382 v. Ch.: denn die Sonnenfinsterniss des 2. Juni 390 v. Ch. fiel wahrscheinlich auf den altröm. 5. Juni 353 und in acht Jahren lieferte der altrömische Kalender ein Zuviel von ebensoviel Tagen.

Die Schlacht an der Allia fand am 18. Juli 364 d. St. (Mommsen Chronol. p. 26) und die Einnahme Roms 3 Tage oder am 3. Tag darnach, am 20. oder 21. Jnni statt: die Belagerung des Capitols dauerte 7 Monate nach Polyb. II 22. Plut. Cam. 30. Polyaen VII 8, 2. Zonar. VIII 24; nach Varro (s. u.) und der Epitome des Livius sechs; am genauesten Florus I 7, 15: über sechs, womit das Datum des Abzugs der Gallier bei Plut. Cam. 30 zusammenstimmt: περὶ τὰς Φεβρουαρίας εἰδούς (d. i. am 6.— 13. Febr.) ἐξέπεσον. Die acht Monate bei Serv. ad Aen. VIII 652 beruhen jedenfalls auf einem Schreibfehler. Mommsen Chronol. p. 99 lässt die Gallier erst kurz vor dem 5. Juli abziehen, einerseits wegen der Jahresdauer der Dictatur des Camillus,[1]) welche er gleich nach der Alliaschlacht angetreten und bald nach der Befreiung niedergelegt habe, andrerseits wegen Varro L l V 18 dies Poplifugia (5. Juli) vi-

---

1) Später (Staatsr. II 152) hat er die Ansicht von der Jahresdauer dieser Dictatur aufgegeben und die Weissenbornsche angenommen, aber ohne sich über die Stelle des Varro zu äussern; im Hermes XIII 534 hält er noch daran fest, dass der Februar als Zeit des Abzugs der Gallier nicht besonders zu Varro a. a. O. passe.

detur nominatus, quod eo die tumultu repente fugerit populus: non multo enim post
hic dies quam decessus Gallorum ex urbe et qui tum sub urbe populi, ut Ficuleates ac
Fidenates et finitimi alii, contra nos coniurarunt. Varro hat aber die Belagerungs-
dauer nur auf sechs Monate bestimmt, Nonius p. 498 Varro de vita populi rom.
lib. II: ut noster exercitus ita sit fugatus, ut Galli Romae Capitolii sint potiti neque inde ante sex menses decesserint. An der oben citirten Stelle will er nur erklären, wie das grosse Römervolk vor so unbedeutenden Feinden in solchen Schrecken
gerathen konnte. Diese Muthlosigkeit ist 4—5 Monate nach der Belagerung ebenso
begreiflich wie ein paar Tage darnach, um so mehr als Rom damals von allen Bundesgenossen verlassen war (Polyb. I 6. II 18), und dieselbe Muthlosigkeit herrschte sogar noch zwei Jahre später (Liv. VI 5).

Die Dauer der Dictatur des Camillus gibt Plut. Cam. 31 ἡ βουλὴ τὸν Κάμιλλον
οὐκ εἴασε βουλόμενον ἀποθέσθαι τὴν ἀρχὴν ἐντὸς ἐνιαυτοῦ, καίπερ ἑξ μῆνας οὐδαμῶς
ὑπερβάλλοντος ἑτέρου δικτάτωρος wirklich auf ein volles Jahr an; dann müsste aber
das Stadtjahr 365 erst nach dem Juli begonnen haben: denn wie bald man auch
seine Ernennung zum Dictator setze, in frühere Zeit als in den August lässt sie
sich nicht bringen, das Jahr aber hatte schon mit dem 1. Juli begonnen. Es wird
überdies von Dio Cassius XXXVI 37; XLII 21. Zonar. VII 13 ausdrücklich bezeugt,
dass kein Dictator vor Sulla das gesetzliche Maximum von 6 Monaten überschritten
hat; dass aber das Stadtjahr 365 nicht nach dem 1. Juli angefangen hat, lehrt
eben die Geschichte der am 5. Juli gefeierten Poplifugia: ihre Entstehung gehört
dem Jahr 365, nicht 364, an (Plut. Cam. 33). Ueberdies hat Camillus die Dictatur
noch im J. 364 und vor Ablauf desselben niedergelegt; die damaligen Consulartribunen
müssten also ihrem Jahr mehr als vier Wochen zugelegt haben. Plutarch hat nach
unsrer Ansicht seine Quelle missverstanden: diese mag etwa gegeben haben, was
Livius VI 1 angibt: neque eum abdicare se dictatura nisi anno circumacto passi sunt.
Weissenborn, welcher aus Livius (s. zu VI 1, 4) den Schluss zieht, dass Camillus erst
gegen Ende der Belagerung Dictator geworden sei, bezieht jenes anno circumacto
auf das Ende des Stadtjahrs 364, so dass Camillus bis zum letzten Juni Dictator
gewesen wäre. Dies streitet gegen Liv. VI 1 comitia in insequentem annum tribunos habere, quorum in magistratu capta urbs esset, non placuit; res ad interregnum
rediit: denn wäre Camillus damals noch Dictator gewesen, so hätte er die Wahlen
leiten können und das Interregnum, dessen letzter Inhaber er selbst war, brauchte
nicht einzutreten. Anno circumacto heisst vielmehr: nach vollständigem Ablauf
seiner Zeit, d. i. der sechs Monate seiner Dictatur. Annus bedeutet eine festgesetzte
längere Zeit, nicht bloss die eines Jahres, sondern auch die zehnmonatliche der Fa-
milientrauer und die gleich lange der Verträge, s. Mommsen Chronol. p. 44; von der
Anwendung des Ausdrucks auf die Frist der Dictatur haben wir sichere Belege in
den Stadtjahren 421 430 445, welche bloss von einer Dictatur ausgefüllt sind und

doch als Jahre zählen.¹) Wann Camillus Dictator geworden ist, geben unsre Quellen nicht an und die Neueren haben, wie wir oben sahen, über diese Frage sehr verschieden geurtheilt; gewiss ist nur, dass die Belagerung schon längere Zeit gedauert hatte: denn den Galliern gingen bereits die Lebensmittel aus (Plut. Cam. 33. Liv. V 45). Nehmen wir den Oktober oder November an, so fällt das Ende der Dictatur in den April oder Mai.

Zur Bestätigung der Reduction des Stadtjahrs 364 auf 3910 v. Ch. dient der Synchronismus der Belagerung von Kroton, s. oben p. 93.

367—363 : (1. Mai?) 378—362; vg. 367—371.

Das Jahr d. St. 366 wurde nach Liv. VI 5 vor der Zeit abgeschlossen, ohne dass er einen bestimmten Grund dafür anzugeben weiss: in civitate plena religionum tum etiam ab recenti clade (Alliensi) superstitiosis principibus, ut renovarentur auspicia, res ad interregnum rediit. Der dritte Interrex brachte die Wahlen zu Stande und die neuen Consulartribunen traten sofort an: ex interregno magistratum occepere. Die neue Epoche setze ich gegen Ende des Frühlings.²) Das J. 370 begann mit der Anklage und Verurtheilung des Manlius, welche zu betreiben den Patriciern durch die friedlichen Ausseren Verhältnisse ermöglicht wurde, L. VI 18 principiis anni peropportune externa pax data; darauf folgte eine Seuche. VI 20 pestilentia brevi consecuta; auf diese eine schlechte Ernte, VI 21 pestilentiam inopia frugum excepit. Aehnliche Zeitmerkmale finden wir in der Geschichte von 376: in den ersten Tagen innere Unruhen, L. VI 31 insequentis anni principia statim seditione ingenti arsere; erat autem et materia et causa seditionis aes alienum; als der Schuldenstand durch die Censoren untersucht werden sollte, machten die Volsker einen Einfall, welchen die Volkstribunen benützten, um Nachsicht für die Schuldner zu erzwingen; der verwüstende Feldzug im Volskerland, welcher darauf folgte, fand vor der Getreidereife aber nach der Sommeraussaat statt, VI 31 non arbore frugifera non satis in spem frugum relictis. Dass das Amtsjahr nach dem 1. März begann, folgern wir aus dem Schluss der Geschichte des J. 372. L. VI 22 bellum Praenestinis indictum; qui coniuncti Volscis anno insequente Satricum coloniam expugnarunt foedeque in captis exercuere victoriam, eam rem aegre passi Romani M. Furium Camillum

---

1) Eine andere Bedeutung von annus s. zum J. 372.
2) Für die Zeit von 385 bis 403 sind vor uns noch keine Antrittsdata aufgestellt worden.

sextum tribunum militum creavere, additi collegae etc. Das Wort annus bezeichnet hier¹) offenbar das Kalenderjahr, nicht wie gewöhnlich das Amtsjahr: denn dieses beginnt erst mit dem Antritt der Beamten, welche nach dem Anfang des „folgenden Jahres" gewählt wurden. Das altrömische Kalenderjahr fing bekanntlich mit dem März an; dieser galt den Pontifices als erster Frühlingsmonat. Liv. XXXIV 44 ver sacrum videri pecus quod natum esset inter Kal. Martias et pridie Kal. Maias. Dass die gute Jahreszeit am Ende des Amtsjahres bereits begonnen hatte, ist auch aus anderen Erwähnungen feindlicher Einfälle kurz vor dem Jahreswechsel zu schliessen, L. VI 30 id modo extremo anno (375) tumultuatum quod Praenestini concitatis Latinorum populis rebellarunt; VI 31 tribunos militares patricios omnes coacta principum opibus fecit (plebs, für das nach Diod. XV 61 mit Anarchie d. i. Interregnum begonnene Jahr 377), isdem opibus obtinuere, ut adversus Latinos Volscosque, qui coniunctis legionibus ad Satricum castra habebant, tres exercitus scriberent.

Das Jahr 378 hat Livius aus Versehen übergangen; eine Aenderung der Amtsepoche ist durch die wahrscheinlich unbedeutenden Ereignisse desselben schwerlich herbeigeführt worden. Mit 379 beginnen die fünf Anarchiejahre, welche seit Niebuhr allgemein für interpolirt gelten. In der Ueberlieferung steht die solitudo magistratuum anerkannter Massen fest und Cap. I ist gezeigt worden, dass zur Erdichtung dieser Jahre ein Anlass nicht vorhanden war.

Der einzige äussere Verdachtgrund, welcher gegen die Aechtheit dieser Jahre mit einigem Schein geltend gemacht werden kann, besteht in der Verschiedenheit ihrer Zählung (s. Mommsen Chronol. p. 204): während die capitolinische und die varronische Aera, ebenso Livius VI 35 fünf Jahre rechnen,²) kennen Dio Cassius bei Zon. VII 24, Vopiscus Tac. 1, Eutropius II 3, Rufus brev. 2, Cassiodor und Idatius nur vier³) und diese Zahl ist mit Mommsen Chronol. p. 204 auch in dem Fragment der lateinischen Annalen des Fabius Maximus bei Gellius V 4 anzunehmen: tum primum ex plebe alter consul factus est (im J. 387 varr.), duo et vicesimo anno postquam Romam Galli ceperunt (364 varr.). Diodor XV 75 freilich erwähnt die Anarchie nur bei dem einzigen Jahr Ol. 103, 2 und mit Nitzsch Annalistik p. 235 ist Mommsen jetzt (Hermes XIII 306) geneigt, in dieser einjährigen Anarchie ein älteres Stadium der Fastenredaction zu erkennen. Somit hätten wir drei künstliche Fastensysteme

---

1) Ebenso Liv. IX 21, unten zum J. 438.
2) Dahin gehört auch (wenn nicht Zahlenfehler anzunehmen sind) die annalistische Quelle Ciceros im Brief an Paetus, ad fam. IX 21, welche der varronischen Jahrzählung zweimal eine Einheit zulegt: sie hat drei Decemvirn- und fünf Anarchiejahre gerechnet.
3) Ueber die Ursache dieser Verschiedenheit s. zum J. 384.

anzuerkennen, während doch schon die Annahme eines einzigen alles positiven Anhaltes entbehrt. Nun spricht aber Diodor es keineswegs ausdrücklich aus, dass die Erledigung der Aemter ein Jahr gedauert habe, und es ist daher sehr wohl möglich, dass die Uebergehung der andern Anarchiejahre derselben Confusion zu verdanken ist, welche bei ihm die vielen von Mommsen Chronol. p. 125 ff. zusammengestellten Auslassungen, Verschiebungen und Verdopplungen von Amtsjahren herbeigeführt hat[1]); ja nicht bloss möglich, sondern zur Gewissheit wird diese Annahme aus Diod. XIV 93, wo er von der Sendung des Weihgeschenkes nach Delphoi, welches der Liparäer Timasitheos vor Wegnahme schützte, bis zur Einnahme von Lipara 137 Jahre zählt. Diodor meldet jene Sendung bei der Eroberung von Veii 358 d. St. und die bleibende Erwerbung der Insel geschah nach Polyb. I 39 im Stadtj. 603, nach Zonar. VIII 14 richtiger im vorhergehenden: [2]) in beiden Fällen kann man mit Mommsen (Hermes XIII 328) 137 Jahre zählen, wenn Diodor die vier Dictatorjahre nicht und statt der fünf Anarchiejahre nur eines gerechnet hat. Es lässt sich aber zeigen, dass der Anfangs- und der Endtermin dieser 137 Jahre andere als die angegebenen sind.

Die Sendung jenes Weihgeschenks erfolgte nach Liv. V 28. Plut. Cam. 7 nicht im Jahre der Eroberung von Veii sondern zwei J. später, und wenn Diodor sie in jenes Jahr setzt, so gehört das zu den vielen Fällen, in welchen er bei einem wichtigen Ereigniss des laufenden Jahres die damit zusammenhängenden vorausgehender oder nachfolgender Jahre anachronistisch anbringt, wie z. B. XIV 113—117 bei der Einnahme Roms 364 die Vorgänge von 363 und 365 oder XII 25 bei der Wiedereinsetzung des Volkstribunats 305 die Neuorganisation desselben von 306. So hat er hier ins Jahr der Eroberung von Veii 358 die Stiftung des Weihgeschenks mitverlegt, welches 360 von der veientischen Beute genommen wurde. Lipara wurde 502 bereits zum zweiten Mal von den Römern eingenommen; die Auszeichnung der Nachkommen des Timasitheos aber wird doch wohl gleich bei der ersten Einnahme geschehen sein, es müssten denn, was unwahrscheinlich, sie und die Römer erst bei der zweiten Eroberung sich auf die diesen obliegende Dankbarkeitspflicht besonnen haben. Den ersten Versuch auf Lipara machte man am Ende des J. 496 nach der Einnahme von Camarina, Enna und anderen Städten Siciliens, Pol. I 24, 13 ἀπὸ δὲ τούτων γενόμενοι Λιπαραίοις ἐπεχείρησαν πολιορκεῖν. Wie der Versuch ausgefallen ist, hat Polybios, der in den zwei ersten Büchern nur flüchtig compilirt, zu erzählen vergessen; aus Zonar. VIII 12 p. 207, 1 Ddf. erfahren wir, dass Hamilkar den Römern mit der Besetzung zuvorkam und sie mit blutigen Köpfen zurückwies. Eine neue

---

1) Treffend erklärt Mommsen Chron. p. 125 aus der Aufeinanderfolge von sieben Fabii Vibulani die Weglassung des J. 272, in welchem ein Vibulanus Consul war. So erklärt sich auch die Uebergehung der Jahre 331—335 daraus dass er von dem Consulartribun Sp. Nautius Rutilus 330 auf den gleichnamigen des J. 336 übergesprungen ist.

2) Bröcker, Untersuchungen p. 109 ff. zeigt, dass Polybios (dessen Darstellung auch hierin sich als blosse Compilation erweist) die Titel dieser und mehrerer anderen Jahre verschoben hat.

Unternehmung gegen die Insel wurde im folgenden Jahr 497 ins Werk gesetzt, Zon. p. 207, 25 οἱ ὕπατοι εἰς Σικελίαν ἐλϑόντες ἐπὶ Λιπάραν ἐστράτευσαν (vorher p. 207, 21 ist mit ταῦτα ἐν τῷ ἔτει τούτῳ ἐγένετο der Ablauf des J. 496 angezeigt). Ehe sie aber dahin kamen, stiessen sie bei Tyndaris auf die punische Flotte unter Hamilkar und errangen in der Schlacht, welche sich nun entspann, einen glänzenden Sieg; der Rest der punischen Flotte zog sich nach Lipara zurück (Pol. I 25, 6). Die Folge war, dass die Römer sich jetzt in Sicilien sicher glaubten (Zon. p. 208, 1) und im nächsten Jahr 498 Afrika selbst anzugreifen beschlossen. Zunächst fuhren die Consuln Atilius Regulus und Manlius Vulso nach Sicilien, wo sie alles ordneten und die Ueberfahrt vorbereiteten (Zon. 208, 6 τὰ ἐκεῖ τε καϑίστων καὶ τὸν ἐς τὴν Λιβύην ἐσερπίζον πλοῦν), dann segelten sie ans und trafen mit der feindlichen Flotte unter Hamilkar und Hanno bei Herakleia Minoa zusammen, nach deren Ueberwältigung sie Afrika ungehindert ansuchen konnten. Zu jenen auf die Sicherung Siciliens berechneten Massregeln gehörte wohl auch die Wegnahme von Lipara, der jetzt nichts mehr im Wege stand, Oros. IV 8 Atilius consul Liparam Melitamque insulas Siciliae nobiles pervagatus evertit. Consules in Africam iussi transferre bellum cum CCCXXX navibus Siciliam petierunt, quibus Amilcar et Anno occurrit. Der Ausdruck Siciliam petierunt ist ungenau: denn die Seeschlacht fiel vor, als die römische Flotte von Messana aus um Pachynon herumgefahren war (Pol. I 24, 7), und Atilius ist dem Wortlaut nach einer der ‚consules'. Lipara wurde wahrscheinlich auf der Fahrt nach Messana (Pol. I 24, 7) genommen, Melite aber nach dem Sieg bei Herakleia oder bei Gelegenheit der Fahrt dahin. Der grosse Seesieg der Punier bei Camarina 500 brachte dann wahrscheinlich Lipara wieder in ihre Gewalt. Das Ergebniss dieser Auseinandersetzung ist, dass die 137 Jahre Diodors von 360 bis 498 d. St. zu rechnen sind, was nach varronischer Zählung 138 Jahre ergibt (vgl. unten zu 421); daraus folgt, dass Diodors Consulnliste auch die vier Dictatorenjahre und vier, nicht wie Varro fünf, Jahre Anarchie gezählt hat.

Die Jahre der Anarchie sind nicht bloss von allen Annalisten sondern auch von weit älteren, zum Theil sogar gleichzeitigen Zeugen verbürgt. So von dem griechischen Historiker (höchst wahrscheinlich Timaios, oben c. III), nach welchem Polyb. II 18 berichtet, dass die Gallier im 30. Jahr nach der Alliaschlacht in Alba longa erschienen seien; dies ist 394 d. St. geschehen (s. u.), also im 30. Jahr nach 364. Wahrscheinlich auch von Flavius,[1]) der ein halbes Jahrhundert nach der Anarchie thätig war, und wollte Jemand diese Zeugnisse noch nicht ausreichend finden, so genügt es auf die Worte hinzuweisen, welche Livius VI 41 dem Appius Caecus mit Bezug auf die zehn Volkstribunate des Licinius und Sextius in den Mund legt: omitto Licinium Sextiumque, quorum annos in perpetua potestate tanquam regum in Capitolio numeratis. Die seit Gisb. Cuper herrschende Deutung dieser Anspielung auf die Königsstatuen auf dem Capitol, an deren Basen die Summa ihrer Regierungsjahre angegeben

---

1) Worüber ich jetzt auch auf O. Seeck im Hermes XIV 154 verweisen kann.

worden sei, setzt unnöthiger und ungerechtfertigter Weise einen Anachronismus voraus: denn jene Statuen wurden, wie Weissenborn erinnert, wahrscheinlich erst nach der Zeit des Appius aufgestellt. Der Zusatz in Capitolio ist bei dieser Erklärung unnütz und abgeschmackt: dass die Regierung der Könige von ihnen selbst und von Andern nach Jahren berechnet wurde, war so allgemein üblich und so weltbekannt, dass es dazu eines Hinweises auf Inschriften nicht bedurft hätte. Auch die Vergleichung selbst ist dabei eine schiefe; nicht um die Gesammtdauer der Regierung handelt es sich, sondern um die ordinale Angabe ihrer Regierungsjahre im Einzelnen. Der Zusatz in Capitolio gehört nicht zu tanquam regum sondern zu quorum annos in perpetua potestate numeratis (deren fortlaufende Regierungsjahre ihr auf dem Capitol abzählen könnt gleich königlichen). Am 13. September jedes Jahres schlug der jeweilige höchste Beamte einen Nagel am grossen capitolinischen Heiligthum ein, um die Jahrrechnung im festen Geleise zu erhalten. Diesen Zweck konnte er nicht erreichen, ohne seinen Namen und Titel darunter zu setzen. Während der Anarchie hatten ohne Zweifel die Volkstribunen als derzeit höchste Beamte die Verpflichtung dies zu thun: wie sonst von den beiden Consuln der eine, so schlug also jetzt einer der Volkstribunen den Nagel ein und so konnte man jetzt auf dem Capitol lesen: C. Licinius Stolo tribunus plebis sextum oder L. Sextius trib. pl. septimum, gleich als hätte ein König in seinem sechsten oder siebenten Regierungsjahre einen öffentlichen Akt vollzogen. Diese Nägel sammt ihren Beischriften, unter ihnen also fünf der Volkstribunen waren auf dem Capitol zu sehen bis mindestens zum Brande des J. 671 83.

Die 4—5jährige Anarchie ist demnach nicht bloss allseitig sondern auch durch zeitgenössische Denkmale bezeugt; sie ist überdies chronologisch nothwendig, denn ohne sie würden wir wegen der vielen Jahresverkürzungen mit der Alliaschlacht und dem Falle Roms nicht in das wegen der Synchronismen nöthige J. 381 sondern bloss in 376 oder 377 v. Ch. gelangen. Endlich ist es auch unrichtig, wenn behauptet wird, die Anarchiejahre seien inhaltslose Einschiebsel. Allerdings steht nicht zu erwarten, dass aus ihnen viel zu vermelden sei; die Anarchie konnte nur so lange bestehen als die äusseren Verhältnisse friedlich waren; eine oder die andere Friedensthat finden wir aber doch verzeichnet. Plinius schreibt hist. XVI 235: Romae lotos in Lucinae area, anno qui fuit sine magistratibus CCCLXXXIX urbis aede conditae, incertum ipsa quanto vetustior, und das treffende Fragment der capitolinischen Consulatafel: (per annos quinque nullos curulis magistratus f)actus est — — (e)t dedicavit.

Nach alle dem kann es sich nur noch darum handeln, die Möglichkeit einer so langen Regierungsvacanz zu begreifen. Eine eigentliche ἀναρχία, wie Diodor XV 75. Plutarch Cam. 39 und Lydus mag. I 38, eine Zeit ganz sine magistratibus, wie Plinius XVI 235 und Rufus brev. 2 sich ausdrücken, war es nicht; es fehlten nur die curulischen Beamten, Liv. VI 35 tribuni nullos curules magistratus creari passi sunt; Cassiodor: potestas consulum tribunorumque (nāml. consulari potestate) cessavit; Plut. Cam. 39 τὰς ἐπατικὰς ἀρχαιρεσίας ἐπιτελεσθῆναι ἐκώλυσαν οἱ πολλοί; Vopisc. Tac. 1 curules magistratus non fuisse; Eutr. II 3 ut potestates maiores non

essent. Praetoren nnd curulische Aedilen gab es noch nicht; man vermisste also
bloss die höchste Behörde, die Consuln oder Consulartribunen. Der grösste Theil
des Volks, die Plebs, besass Vorstände, die Tribunen und Aedilen (Liv. VI 35); während letztere für die öffentlichen Localitäten (Tempel und Strassen), für Markt, Polizei und einen Theil der Spiele sorgten, so ruhte die Verwaltung der Staatsgelder
und der Criminaljustiz in den Händen der Quästoren, welche seit 307 in den Tribuscomitien gewählt wurden; für Freiheitsprocesse bestanden die judices decemviri. Die
oberrichterliche Thätigkeit besonders im Civilprocess war freilich ein Geschäft der
obersten Beamten und das Fehlen derselben musste sich überhaupt auf allen Gebieten
des öffentlichen Lebens geltend machen; es war ein unleidlicher und auf die Länge
unhaltbarer Zustand, aber eben darauf war es von den Volkstribunen abgesehen und
beide Parteien wollten und mussten alles aufbieten, um denselben möglichst lange
aufzuhalten. Es waren ähnliche Verhältnisse, wie sie Livius VII 1 schildert: cum
de industria omnia ne quid per plebeium consulem ageretur proferrentur, silentium
omnium rerum ac iustitio simile otium fuit. Processe konnten vertagt oder Schiedsrichtern übertragen werden; in öffentlichen Dingen mögen die plebeiischen Beamten
auf dem Wege der Usurpation, auf welchem die Tribunengewalt überhaupt den
grössten Theil ihrer Befugnisse erwarb, ihre Thätigkeit ausgedehnt haben, wie denn
das Recht der Volkstribunen, den Senat zu berufen, in diesen Zeiten und vermuthlich
eben in den Nothzuständen der Anarchie sich ausgebildet hat.[1]) Als Executivbehörde konnten die Aedilen in vielen Fällen sicherlich ebenso gut Aushülfe für die
Oberbeamten gewähren, wie dies bereits 291 d. St. beim Tod des einen und Kranksein des andern Consuls geschehen war, Liv. III 6 ad eos summa rerum ac maiestas
consularis pervenerat. Im Allgemeinen aber gilt, was Becker II 2, 10 zur Erklärung
des schnellen Heimischwerdens der Jahresbeamten in ihrem Wirkungskreis sagt: die
Verwaltung war zu damaliger Zeit sehr einfach und die Consuln konnten den grössten
Theil des Jahres hindurch als Feldherrn von Rom abwesend sein, ohne dass der Gang
der innern Angelegenheiten darum aus dem Geleise kam. Unentbehrlich waren die
Oberbeamten nur im Kriegsfall: darum heisst es aber auch, dass während dieser Zeit
von Feinden keine Gefahr drohte und dass die Volkstribunen der Anarchie sofort
durch Gestattung der Wahlen ein Ende machten, als die erste Kriegsgefahr eintrat.

394—392 : 13. December 362—354 (vg. 370 - 362).

Wie in den zwei längeren der zuletzt behandelten Perioden sehen wir,
auch jetzt die Consulnwahlen sich hart an die der Volkstribunen anschliessen:
L. VI 42 refecti decemnum idem tribuni Sextius et Licinius de decemviris

---

1) Auch die grosse Ausdehnung des früher sehr beschränkten Wirkungskreises der Aedilen
dürfte erst während der Anarchie ihre Entstehung und in derselben ihre Ursache gehabt haben, wie
denn ein paar Jahre darnach bei der Beendigung des Ständekampfes sich die Nothwendigkeit herausstellt, ihre Zahl zu verdoppeln und das Amt auch den Patriciern zugänglich zu machen.

sacrorum ex parte de plebe creandis legem pertulere, creati quinque patrum quinque plebis, hac victoria contenta plebes cessit patribus, ut in praesentia consulum mentione omissa tribuni militum (für 387) crearentur; VI 38 prius circumactus est annus (385) quam a Velitris reducerentur legiones, ita suspensa de legibus res ad novos tribunos militum relata: nam plebis tribunos eosdem duos utique plebes reficiebat; ebenso treten VI 36, 6—7 im J. 385 selbst die neuen Volkstribunen um dieselbe Zeit auf wie die neuen Consulartribunen. Wir schliessen daraus, dass die curulischen Beamten jetzt wieder am 13. December antraten und finden in der Festhaltung dieses Termins eine bestimmte Absicht. Vor dem Decemvirat waren die Volkstribunen mit den curulischen Beamten gekommen und gegangen; den Vortheil, welchen seitdem das Volkstribunat durch die Fixirung seiner Epoche auf den 10. December hatte, und zugleich die aus vielen Gründen empfehlenswerthe Congruenz des curulischen Amtsjahrs mit dem plebeiischen hat man vermuthlich lange Zeit durch Festhaltung und Wiederherstellung des 13. December als curulischen Amtstermines zu erreichen gesucht und erst dann dies Streben fallen lassen, als die schweren Kriege mit Galliern, Latinern, Samniten seine weitere Verfolgung unmöglich machten. Immerhin ist es gelungen, im 13. December einen mit der fixen Tribunatsepoche fast identischen Antrittstermin beinahe ein Jahrhundert lang, von 305 bis 392 als Regel festzuhalten.

Zum 13. December als Amtsneujahr fügen sich auch die Data des J. 391. In diesem wurde ein Dictator clavi figendi causa bestellt, welcher demnach bloss am 13. September thätig sein sollte; er hielt aber mit Ueberschreitung seiner Vollmacht eine noch dazu drückende Aushebung und führte Krieg mit den Hernikern. Daraus dass die Anklage, welche desswegen gegen ihn gerichtet wurde, dem Anfang des J. 392 angehört (Liv. VII 4 principio insequentis anni), geht hervor, dass der 13. September, an welchem er seine Thätigkeit begann, vom Jahresende nicht weit entfernt war.[1]

Den Anfang der neuen Amtsepoche setzen wir begreiflicher Weise in das Jahr, welches auf die Anarchie folgte: haben vor dieser die curuli-

---

[1] Der letzte vor 393 gefeierte Triumph wurde, dem allein übrigen Datum der Siegestafel NOV. zufolge, zwischen dem 15. Oktober und 14. November abgehalten. Nach Livius (VI 42, 9) war dies der Triumph des Camillus über die Gallier im J. 387.

schen Beamten am 1. Mai, nach ihr aber am 13. December angetreten, so dauerte die Anarchie 4 Jahre 7½ Monate, welche (ähnlich wie die 2 Jahre 7 Monate der Decemvirn) in zweifacher Weise, zu 4 oder 5 Jahren, abgerundet werden konnten. Aus dem Wechsel der Amtsepoche erklärt es sich auch, dass Licinius und Sextius, deren Amtsfrist mindestens seit 385 mit der curulischen gleichen Schritt hält, zehn volle Jahre lang und doch in 11 curulischen Jahren das Tribunat bekleiden: ihr erstes Jahr ist 377 (Liv. VI 35), dagegen 385 ihr achtes (VI 36), 386 ihr neuntes (IV 39 fg.), 387 das zehnte (VI 42); 388 ist Sextius Consul. Ihr erstes Tribunenjahr setzt sich also aus der zweiten Hälfte von 377 und der ersten von 378 zusammen, entsprechend die folgenden; 384 beginnt die Congruenz. Ueber das J. 387 und 392 s. den folgenden Abschnitt.

393—404: Herbst 353—342; vg. 361 - 350.

Zum Jahr 393 bringen die Fragmente der Siegestafel den 17. Februar und einen mit (Ma)rt. angedeuteten Tag, welcher demnach zwischen 17. Februar und 16. März fällt, als Triumphdata; die Namen der Feldherren und der Feinde sind nicht erhalten. Nach Livius VII 9 wurde in diesem Jahr bloss mit den Hernikern ein Krieg geführt; dieser bildet das erste Ereigniss der Jahresgeschichte, es folgt aber auf ihn nur die Kriegserklärung an die Tiburten und das Erscheinen der Gallier am Anio mit dem Zweikampf des Manlius, beides am Ende des Jahres. Die zwei Triumphe werden am besten auf den Hernikerkrieg bezogen, in welchem beide Consuln befehligten (L. VII 9, 1); der zweite Triumph hat daher wahrscheinlich am 18. Februar oder an einem der nächsten Tage stattgefunden.[1] Auch der Triumph des Jahres 404 wurde am 17. Februar gefeiert. Dass zweimal ein Krieg zwischen dem 13. December und dem März sowohl begonnen als nach verschiedenen Ereignissen beendigt worden ist, klingt nicht wahrscheinlich; der Amtstermin muss jetzt auf einen andern Tag als den 13. December gefallen sein und diese Vermuthung bestätigt sich daran, dass 398 der Dictator Marcius, nachdem er am 6. Mai, wie die Siegestafel angibt, triumphirt hatte, bis zu den Wahlen, also bis kurz

---

[1] Die gewöhnliche Ergänzung, welcher zufolge der erste von den zwei Triumphen des J. 393 von dem Dictator Quinctius über die Gallier davon getragen worden wäre, verstösst gegen die Annalen, nach welchen derselbe keine Schlacht geschlagen hat (Liv. VII 9,3—10,14).

vor Jahresschluss im Amte blieb. L. VII 17 quia nec per dictatorem plebeium nec per consulem comitia consularia haberi volebant et alter consul Fabius bello retinebatur, res ad interregnum rediit. Sein Amtsantritt fällt spätestens in die Mitte des April, seine Abdankung also nicht nach Mitte October; wäre der Jahreswechsel auf den 13. December gefallen, so müssten wir die Wahlen um Anfang des December setzen. Die andern Triumphe dieses Zeitabschnittes fallen auf 7. und 15. Mai 396; 1. Juni 397; 3. Juni 400; (3.) August [1]) und 5. September 394, welchem der oben schon erwähnte des Februar oder März vorausgegangen war. Bald nach dem 5. September, vielleicht am 13. September und jedenfalls im Herbst müssen wir den Jahreswechsel dieser Zeit geschehen denken.

Eine vorzeitige Amtsniederlegung wird aus keinem der Vorjahre gemeldet; aber sie für das Jahr 392 anzunehmen empfiehlt die Geschichte desselben. In seinen Anfang fällt der Process des gewesenen Dictators Manlius Imperiosus, welchen der Edelmuth seines Sohnes rasch beendigte; es folgt der Opfertod des Curtius, dann ein Krieg mit den Hernikern, in welchem die Römer geschlagen wurden und der Consul Genucius umkam. Daher Wahl des Ap. Claudius zum Dictator. Dieser stiess mit einem neuen Heere zu dem geschlagenen und erfocht einen Sieg, Liv. VII 8. 6; es ist aber weder von einer Benützung desselben die Rede noch von einem Triumph, wohl aber von schweren Verlusten, wie sie bei Niederlagen vorkommen: der vierte Theil des Heeres, also eine ganze Legion, sei gefallen, darunter eine ziemliche Anzahl Reiter (aliquot, verschämt statt multi). Letzteres erklärt Livius daraus, dass die 1200 Reiter absassen und mit den acht erlesenen feindlichen Cohorten von je 400 Mann zu Fuss kämpften. Dies hat schon Niebuhr III 94 unhistorisch gefunden und die Sache wird dadurch noch verdächtiger, dass nicht bloss die Mehrzahl der Herniker sondern auch die vier römischen Legionen diesem ungleichen Kampfe ruhig zugesehen haben sollen. Die Wahrheit ist offenbar, dass der Dictator eine schwere Niederlage erlitt und in Rom dann, nachdem sowohl die consularischen als die dictatorischen Auspicien sich unglücklich erwiesen hatten, man es gerathen fand, den überlebenden Consul

---

1) Das Fragment I... N SEXT. (von den drei mittleren Buchstaben nur die untere Hälfte erhalten), was vielleicht in III NON SEXT. zu ergänzen ist.

sofort die Wahlen abhalten und dann abtreten zu lassen. Der Geschichtsfälscher, welcher die Niederlage in einen Sieg verwandelte, musste auch die inneren Folgen derselben unterdrücken.

Auf den Gallierkrieg des J. 394 bezieht sich Polyb. II 18 παραγενομένων πάλιν τῶν Κελτῶν εἰς Ἀλβαν στρατεύματι μεγάλῳ μετὰ τὴν τῆς πόλεως κατάληψιν ἔτει τριακοστῷ τότε μὲν οὐκ ἐτόλμησαν ἀντεξαγαγεῖν Ῥωμαῖοι τὰ στρατόπεδα διὰ τὸ παραδόξου γεγενημένης τῆς ἐφόδου προκαταλυφθῆναι καὶ μὴ καταταχῆσαι τὰς τῶν συμμάχων ἀθροίσαντες δυνάμεις. Das 30. Jahr nach dem Falle Roms ist 352, genauer Frühlingsanfang 352 bis eben dahin 351 v. Ch., entsprechend dem Stadtjahr 394 = Herbst 352 bis H. 351; die Verwüstungen des Gebiets von Labici, Tusculum und Alba longa bei Liv. VII 11,3, welche mit dem Erscheinen der Gallier in Alba bei Polybios zusammenhängen, fallen demnach in die rauhe Jahreszeit 352/351 v. Ch.; in den Sommer 351 der Triumph des Poetelius. Der Sieg des Dictators Servilius Ahala an der porta Collina (L. VII 11,6) erweist sich an Polybios Darstellung als Erfindung oder Uebertreibung; auch ohne Polybios würde sich dieses aus L. VII 11,9 dictator consulibus et in senatu et apud populum magnifice collaudatis et suarum quoque rerum illis remisso honore dictatura se abdicavit ergeben: ein römischer Sieger, zumal über Gallier in dieser Zeit, verzichtete nicht zu Gunsten anderer (die überdies, wie Weissenborn bemerkt, nur seine Unterfeldherren waren) auf einen Triumph. Der Dictator wagte nicht gegen die Gallier ins Feld zu ziehen, er blieb vor der porta Collina stehen, und die Gallier erschienen auch nicht vor Rom, sondern begnügten sich damit, die Gegend um den Albanerberg zu verwüsten.

Die Dictatur des vorh. Jahres 393, welche andere Annalisten als eine Kriegsdictatur (rei gerendae causa) aufgefasst hatten, war nach Licinius Macer nur der Wahlen wegen eingesetzt worden, was Liv. VII 9,5 ohne Grund desswegen bezweifelt, weil bei dieser Version ein günstiges Licht auf einen Geschlechtsgenossen des Licinius fällt.[1]) Macer war einer von den wenigen, welche auf die amtlichen Quellen zurückgingen und Fälschung lässt sich ihm nicht nachweisen. Fest steht, wie Liv. VII 9,6 eo certe anno Galli ad tertium lapidem Salaria via trans pontem Anienis castra habuere zu verstehen gibt, dass die Gallier schon in diesem Jahre sich am Anio zeigten; offenbar war dies Ereigniss in der Stadtchronik verzeichnet (vgl. p. 99). Wahrscheinlich wurde desswegen das Amt des Quinctius Pennus in eine Kriegsdictatur umgewandelt und daraus erklärt sich die Angabe der von Macer abweichenden Annalisten und der mit ihnen übereinstimmenden Consularfasten. Dies war also am Schluss des J. 394 und es stimmt dazu, dass die Tiburten wegen des damals mit den Galliern geschlossenen Bundes erst im folgenden Jahre bekriegt wurden.

Die Nachricht des Polybios, dass im J. 394 die Bundesgenossen von den Römern nicht rechtzeitig aufgerufen worden waren, streitet mit Livius VII 12,7, nach welchem

---

1) Vgl. Peter, fr. hist. p. CCCXLVI.

erst bei dem neuen Erscheinen der Gallier im J. 396 das alte Bündniss Roms mit den Latinern wiederhergestellt wurde. Wir stehen nicht an, die Angabe des Livius für die richtigere zu erklären, da über das Datum von Verträgen die Annalisten im Stande waren sich genau zu unterrichten; wenn man nicht etwa die des Polybius auf einzelne Latinerstädte beziehen will. Jedenfalls liegt in dem Schweigen des Polybios über die gallischen Einfälle dieses und anderer Jahre (387 404) und über die in den Fasten und Annalen verzeichneten Triumphe kein Beweis gegen die Geschichtlichkeit derselben: Polybios gibt griechische Quellen, die Chroniken von Cumae, Massilia u. a., wieder, welche nur die bedeutendsten und auch gegen andere Länder, besonders Campanien, gerichteten Heereszüge der Gallier heraushebeu; der Solddienst bei Dionysios und die unersättliche Habgier der Gallier führte sicher fast alljährlich kleinere Abtheilungen durch Mittelitalien, an manchen Orten mögen sie sich auch längere Zeit eingenistet haben.[1]) Der Schrecken vor dem gallischen Namen, welcher in diesen Zeiten zu Rom herrschte, erklärt es genugsam, wenn wegen eines Siegs über solche Streifbanden gleich ein Triumph gefeiert wurde. Der den Jahren 396 ist überdies verbürgt durch ein ohne Zweifel mit Inschrift versehenes Anathem, welches den Sieg verewigte. Liv. VII 15 auri quoque ex Gallicis spoliis satis magnum pondus saxo quadrato saeptum in Capitolio sacravit.

Nach Ablauf des Jahres 398 trat ein Interregnum ein, welches erst unter dem achten Regierungsverweser zu Ende gieng (L. VII 18); nach 401 folgten eilf Interregen auf einander (L. VII 21), nach 402 zwei (ebend.). Wer der Ansicht ist, dass durch Interregna der ständige Antrittstermin (nicht bloss der Antrittstag der vom Interrex gewählten Beamten) verspätet wurde, der muss mit Mommsen Chronol. p. 100 vermuthen, dass in Folge dessen dreimal in dieser Zeit die Epoche eine andere und spätere geworden ist. Nehmen wir den spätesten für 398 denkbaren Anfangstag, den 1. November, so würden nach Ablauf dieses Jahres die 38—40 Tage Interregnum den wirklichen Antritt der Beamten von 399 auf den 10.-12. December gebracht haben; dies ergab für deren Nachfolger, welche nur an Kalenden oder Iden antraten, den 1. December, sonst würden ihre Vorgänger einen oder mehrere Tage über ein Jahr regiert haben. Selbst angenommen aber, das Jahr 400 und 401 hätte mit dem 13. December begonnen, so würde nach dem nächsten Interregnum von 52—55 Tagen der thatsächliche Antritt der Beamten von 402 auf den 7.—10. Februar gefallen, als sollenne Epoche der nächsten Consuln also, was noch weniger Wahrscheinlichkeit hat, der 13. Februar anstatt des 1. Februar behandelt worden sein; und auch dies noch angenommen, ist es doch nicht denkbar, dass die 7—10 Tage des dritten Interregnums die Kraft gehabt haben sollten, an die Stelle des 13. Februar den 1 März zu bringen, den wir 405 wirklich als Epoche vorfinden. Alles spräche vielmehr, da

---

1) Polybios hat auch, da er die dreissigjährige Ruhe der Gallier nach der Stadteinnahme aus inneren Streitigkeiten und aus Angriffen der Alpenvölker erklärt, nur Feldzüge im grossen Stil, den Auszug des ganzen Aufgebots im Sinne.

die Beamten wohl unter einem Jahr, aber nicht über die Zeit desselben regieren durften, dafür dass, verspätende Wirkung der Interregna angenommen, vom 1. November die Epoche nach 398 auf den 1. December und von da nach 401 auf den 13. Januar übergegangen sein würde. Da wir nun aber nicht diesen sondern den 1. März im J. 405 gelten sehen, so folgt, dass die Annahme einer verspätenden Kraft der Interregna irrig ist, und wir haben ja Fälle genug gehabt, welche die Unrichtigkeit derselben beweisen.

405—413 : 1. März 341—333; vg. 349—341.

Dass das J. 405 mit dem 1. März anfing, wird jetzt allgemein anerkannt; Bredow ist der erste, der es durch Combination von Liv. VII 25 priusquam inirent novi consules magistratum, triumphus a Popilio de Gallis actus mit dem Datum dieses Triumphes in der Siegestafel, dem 17. Febr. 404[1], erwiesen hat; dazu stimmt, dass vor Ende des J. 404 der Winter eingetreten war (Liv. VII 25,3). Mit dieser Amtsepoche stimmen die aus den Jahren 405—413 erhaltenen Zeitangaben: die Triumphe vom 1. Februar 408, vom 21. und 22. September 411 und der Umstand, dass nach letzteren im J. 411 die römischen Truppen noch in Capua und Suessula Winterquartiere bezogen und dort Verschwörungen anzettelten, welchen der neue Consul des J. 412 ein Ziel setzte (Liv. VII 38,4. 8); er führte sie dann in aestiva (VII 39, 1). Ein wie es scheint nur kurzes Interregnum trat nach Ablauf von 410 ein, Liv. VII 28 res haud ulla insigni ad memoriam causa ad interregnum rediit; ex interregno, ut id actum videri posset, ambo patricii consules creati sunt.[2] Wahrscheinlich regierten nur zwei Interregen nacheinander; da das alte Jahr bereits abgelaufen war, so konnte das an der bisherigen Antrittsepoche nichts ändern.

Von der Verkürzung, welche den neuen Termin herbeigeführt haben muss, ist nach unsrer Ansicht das J. 404 betroffen worden. Wir schliessen dies aus der Geschichte desselben bei Livius VII 23 ff. Als das Erscheinen eines grossen gallischen Heeres in Latium nach Rom gemeldet wurde, erhielt der Consul Popilius den Auftrag ins Feld zu ziehen; sein Amts-

---

1) Weil der nächste überlieferte Antrittstag der 1. Juli ist, wollte Becker die Qirinalien, auf welche die Siegestafel den Triumph setzt, dem 28. Juni zuweisen; Aug. Mommsen, altröm. Zeitr. p. 57 und Th. Mommsen, Chronol. p. 100 haben bewiesen, dass die Tafel unter jenem Festnamen den 17. Februar versteht.

2) Ex interregno hat sonst zeitliche Bedeutung und passt nicht zu creati; wir schreiben eo interregno.

genosse Scipio lag an einer schweren Wunde darnieder. Popilius erfocht einen Sieg, wurde aber schwer verwundet, so dass selbst die Feier seines Triumphes deswegen aufgeschoben werden musste. Der Sieg war jedenfalls höchst unbedeutend und vielleicht nur über einen Theil des feindlichen Heeres erfochten: die Gallier wurden nach demselben nicht weit verfolgt und konnten ungestört den ganzen Winter das Gebiet von Alba longa besetzt halten, aus welchem sie nachher mit erneutem Ungestüm hervorbrachen. Ausdrücklich bezeugt ist aber, dass beide Consuln kampf- und dienstunfähig waren, noch dazu unter Verhältnissen, welche nicht bloss gesunde und rüstige sondern auch bewährte und angesehene Heerführer heischten. Die Gewährung des Triumphes an Popilius war vielleicht ein Zugeständniss, welches seine Einwilligung in die Abdankung erzielte.

Auf den Gallierkrieg des darauffolgenden Jahres 405 wird allgemein und mit Recht Polyb. II 18 bezogen: ἔτει δωδεκάτῳ (nach dem Einfall des J. 394) μετὰ μεγάλης στρατιᾶς ἐπιπορευομένων προαισθόμενοι καὶ συναγείροντες τοὺς συμμάχους μετὰ πολλῆς προθυμίας ἀπήντων σπεύδοντες συμβαλεῖν καὶ διακινδυνεῦσαι περὶ τῶν ὅλων. οἱ δὲ Γαλάται καταπλαγέντες τὴν ἔφοδον αὐτῶν καὶ διαστασιάσαντες πρὸς σφᾶς νυκτὸς ἐπιγενομένης φυγῇ παραπλησίαν ἐποιήσαντο τὴν ἀποχώρησιν εἰς τὴν οἰκείαν. Identität dieses Krieges mit dem von Livius VII 26 erzählten ist trotz der vielen Abweichungen, welche zwischen beiden Berichten bestehen, um so nothwendiger anzunehmen, als nach 405 die Annalen von weiter keinem Kampf mit den Galliern bis 455 zu berichten wissen. Nach Livius besteht zuerst Valerius den berühmten Zweikampf, welcher ihm den Beinamen Corvinus eintrug; dann folgte ein kurzer Zusammenstoss der Heere, welcher mit der Flucht der Gallier endigte; sie zogen nach Campanien und von da nach Apulien. Der Zweikampf des Valerius ist eine von Haus aus zeitlose Anekdote gleich dem des Manlius, welche unter verschiedenen Jahren erzählt wird. Der Abzug nach Campanien und Apulien steht in geradem Widerspruch mit der Heimkehr bei Polybios; er ist aus der Geschichte früherer Einfälle herübergenommen. Der Kampf der Heere ist hinzugedichtet: die bessere Ueberlieferung spricht sich darin aus, dass die Siegestafel keinen Triumph des L. Camillus aus diesem Jahre anerkennt, wie auch Livius selbst von keinem berichtet. Dennoch hat der Feldherr und das Heer, vor welchem die Gallier ohne Schwertstreich entwichen, Rom gerettet und muss der Locius, welchen Aristoteles bei Plut. Cam. 22 als Retter Roms bezeichnet, mit Niebuhr III 93 auf L. Camillus gedeutet werden: denn unter den andern römischen Feldherrn dieser Zeiten, welche im Krieg mit den Galliern Glück hatten, führt keiner den Vornamen Lucius oder einen diesem ähnlichen Geschlechtsnamen und seit der Alliaschlacht war diese Begegnung die von der grössten Kraftentfaltung begleitete. Die Hülfsverweigerung der Bundesgenossen und die Bildung von zehn bloss aus Römern bestehenden Legionen bei Livius, der in diesen Büchern vielfach den schlechtesten Quellen folgt, ist abermals Erdichtung: im J. 404, wo der Feind derselbe und die Gefahr ebensogross war, hatte man nur 3—6 Legionen zusammengebracht. Noch im gallischen Krieg des J. 459, nachdem inzwischen sechs neue Tribus gebildet worden waren, konnte man nicht mehr als 6—8 Legionen aufbringen (Liv. X 26, 14—15). Um die Uebertreibung glaublich zu machen, sagt Livius, d. i. der von ihm benützte Annalist: undique non urbana tantum sed etiam agresti inventute legiones scriptae und verräth dadurch, dass er in der Zeit nach Marius schrieb, in welcher die capite censi, meist Stadtbewohner mit ausgehoben wurden, während früher das Land die meisten Soldaten geliefert hatte (s. Weissenborn). Die Zehnzahl der Legionen erklärt sich aus Einrechnung der Bundesgenossen; unter diesen mögen Stimmen laut geworden sein gegen die Führung Roms, aber den Zuzug zu verweigern verbot ihnen ihr eignes Interesse und nicht Rom selbst, sondern ihre Städte waren es, die den ersten Anprall der Feinde auszuhalten hatten.

Polybios setzt das Erscheinen der Gallier in das zwölfte Jahr nach ihrer Festsetzung in Alba longa, d. i. volle zwölf Jahre später: denn von seinen Jahrhstünden bis zum Krieg der Boier und Etrusker 472/282 darf nur einer und zwar der erste (das 30. Jahr von der Alliaschlacht bis zur Besetzung von Alba) unvollendet genommen werden. Da seine Jahre, d. i. die des Timaios, mit dem Frühling beginnen, so fällt ihm die Begegnung der Römer mit den Galliern zwischen Frühlingsanfang 340 und dem gleichen Zeitpunkt 339 v. Ch.; dagegen das Stadtjahr 405, in dessen Lauf sie stattfand, läuft vom 1. März (altröm. Kalenders) 341 bis ebendahin 340 v. Ch. Dieser scheinbare Widerspruch hebt sich durch die Annahme, dass jener unblutige Zusammenstoss kurz vor Ende des römischen Amtsjahres stattfand. Zur Zeit als L. Camillus die Heerführung übernahm, war sein Amtsgenosse Ap Claudius gestorben und der auffallende Umstand, dass man keinen Nachfolger für ihn wählte, erklärt sich, wenn vom Jahr nur noch so wenig Tage übrig waren, dass es sich nicht verlohnte dies zu thun. Als die Wahlen für das folgende Jahr stattfinden sollten, hatte Camillus so eben die Gallier vertrieben, er lag nun gegen Griechen im Felde und musste daher einen Wahldictator ernennen (VII 27, 11); die Griechen aber, welche gleichzeitig mit den Galliern aufgetreten waren, verjagte er am Anfang des neuen Jahres (VII 26, 14). Die Frühlingsepoche, welche von der Quelle des Polybios vorausgesetzt wird, ist nicht die Tag- und Nachtgleiche sondern eine frühere, der Spätaufgang des Arktur um den 25. Februar oder der Eintritt des Zephyr um den 8. Februar: denn die Fahrt des Pyrrhos nach Italien, welche nach Dio Cassius kurz vor Frühlingsanfang 280 stattfand, fällt ihm nach demselben. Nimmt man hinzu, dass in Folge der zu grossen Einschaltung die Mehrzahl der altrömischen Kalenderdata zu früh lauten und nach wahrer Zeit auf ein späteres Datum zu setzen sind, so wird sich durch Verlegung des Gegeneinanderrückens der Römer und Gallier auf Ende Februar oder Anfang März 340 v. Ch. die Uebereinstimmung beider Zeitangaben befriedigend herstellen lassen. Dass den Annalen zufolge die Gallier schon lange vorher auftreten, steht dem nicht im Wege: das Datum des Polybios geht nur auf die Aufstellung im Felde und wenn er, wie es wahrscheinlich ist, jene vorausgegangenen Bewegungen der Gallier nicht kennt, so ist das abermals ein Beweis, dass seinem Bericht, d. i. dem des Timaios, keine römische Quelle zu Grund liegt, sondern eine von Hause aus griechische, welcher nur einzelne, die bedeutendsten Momente aus der römischgallischen Kriegsgeschichte bekannt geworden waren.

Der Synchronismus beim J. 405, Liv. VII 26 Graecia ea tempestate intestino fessa bello iam Macedonum opes horrebat, welcher sich auf den phokischen Krieg 355—346 v. Ch. bezieht, verstösst gegen die Zeitrechnung des Livius, welchem durch die Uebergehung der vier Dictatorjahre das varronische Stadtjahr 405 (nach seiner Zählung 402, Mommsen Chronol. p. 122) auf 345, nicht wie im andern Falle, auf 349 v. Ch. fallen musste. Er hat also den Synchronismus seiner Quelle entnommen. Ganz denselben Fall finden wir bei L. VIII 17, wo des Molossers Alexandros Kriegführung in Unteritalien beim J. 422 d. St. berichtet wird, d. i. 332 v. Ch., in welchem er wirklich dort Thaten verrichtete; nach der eigenen Rechnung des Livius würden wir 329 v. Ch. erhalten (nicht 328, weil ein Dictatorjahr inzwischen weggenommen ist), ein Jahr in welchem Alexander nicht mehr lebte (er fiel 330 v. Ch.). — Ueber Stadtj. 413 s. d. Folg.

414—420: Herbst 333—327; vg. 340—334.

Das Jahr 413 wurde wegen der schweren Kriege, welche zu gleicher Zeit von den Samniten, Campanern und Sidicinern drohten, vor der Zeit abgebrochen, um den neuen Consuln Zeit zu den Rüstungen zu geben. L. VIII 3 iussus ante tempus consulibus abdicare se magistratu, quo maturius novi consules adversus tantam molem belli crearentur, religio incessit ab eis, quorum imminutum imperium esset, comitia haberi; itaque interregnum initum, duo interreges fuere. Anstatt nach dem Ende des Winters, wie bisher, sollten also die Consuln jetzt vor der Jahreszeit der Rüstungen das Amt antreten; dass es spätestens um Anfang des Winters (c. 10. November jul.) geschah, lehrt das Datum des Triumphes vom J. 415: der 13. Januar; noch einen Theil des Herbstes an den Anfang des Amtsjahres zu verlegen, empfiehlt der Umstand, dass mehrmals der Jahreswechsel in Kriegszeit fällt, so 418,9 Liv. VIII 16 exercitu victore a superioribus consulibus accepto (consul) ad Cales profectus und 419,20 Liv. VIII 17 novi consules a veteribus exercitu accepto ingressi hostium fines; im ersten Falle kehrte der Consul von der Eroberung der Stadt Cales am 15. März im Triumph zurück. Dass eine ziemliche Anzahl Monate vom Mai bis zum Jahresende verflossen, lehrt die Geschichte des J. 414:

am 18. Mai triumphirte Manlius Torquatus über die Latiner, Volsker, Aurunker, Sidiciner und Campaner; als dann die Antiaten einen Einfall machten, hinderte ihn eine Krankheit, die Heerführung zu übernehmen und da der andere Consul in der Schlacht gefallen war, so ernannte er einen Dictator, welcher mehrere Monate (aliquot menses, L. VIII 12) im Felde stand, aber nichts ausrichtete. Die Frühgrenze der neuen Amtsjahresepoche liefern die Data des J. 416: nach den Triumphen des drittletzten (27.) und letzten (29.) September und unmittelbar vor den Wahlen wurde im Senat über die Behandlung der besiegten Latiner, Campaner und Antiaten Beschluss gefasst, L. VIII 13 priusquam comitiis in insequentem annum consules rogavit, Camillus de Latinis populis ad senatum retulit. Das Jahr begann also nicht vor dem 15. October; alles eben Angeführte in Betracht gezogen, wahrscheinlich eben an diesem Tage.

In diesen Zeitabschnitt gehört ausser der schon p. 98 besprochenen Landung Alexanders 413/333 der Friedensschluss mit den Galliern Pol. II 18 ἀπὸ τούτου τοῦ φόβου τριακαίδεκα μὲν ἔτη τὴν ἡσυχίαν ἔσχον, μετὰ δὲ ταῦτα στροφώντες αἰξαρομένην τὴν Ῥωμαίων δύναμιν εἰρήνην ἐποιήσαντο καὶ συνθήκας. Die 13 Jahre führen von 405/340 in das Jahr, welches mit Frühlings Anfang 327 v. Ch. beginnt; ihm entspricht nach obiger Rechnung etwa die zweite Hälfte von 419 und die erste von 420 d. St. Unter keinem von beiden und überhaupt nirgends bei Livius[1]).findet sich eine Spur jenes Ereignisses, wohl aber zwei andre Mittheilungen: unter 422 d. St. Liv. VIII 17 fama Gallici belli pro tumultu valuit, ut dictatorem dici placeret; exploratores missi attulerunt quieta omnia apud Gallos esse, und unter 425 L. VIII 20 tumultus Gallici fama atrox invasit. deinde explorata temporis eius quiete a Gallis Privernum conversa omnis vis. Abermals dienen Polybios und die Annalen einander zur Ergänzung. Polybios hat diese Nachrichten wahrscheinlich nicht vorgefunden, die erste wenigstens würde er so gut aufgenommen haben wie II 21,6 den überflüssigen Zug eines römischen Heeres an die gallische Grenze. Auffallender ist, dass bei Livius der Friedensschluss fehlt; wir erklären es daraus, dass er in der treffenden Zeit wie überhaupt meistens nur die jüngsten und trübsten Quellen benützt hat. Die sonderbare Meldung bei L. VIII 16, dass man für das J. 419 den Valerius Corvus als den besten der vorhandenen Heermeister gewählt und den andern Consul genöthigt habe, jenem die Führung des Krieges mit der unbedeutenden Stadt Teanum

---

[1]) Ausserdem, wie Mommsen, Hermes XIII 552 bemerkt, nur bei Appian Samn. 6 Σύνοντες ἱσπόνδους und Gall. 11 τὸ τῶν Σενόνων ἔθνος ἔσπονδον ἦν Ῥωμαίοις. Appian spricht aber von dem Krieg des J. 471, während jener Friedensvertrag factisch bereits durch die Vorgänge der J. 455 und 459 gelöst war.

Sidicinum zu überlassen, eine Erneuung durch welche auch das Verbot einer Wiederwahl vor zehn Jahren übertreten wurde, erklärt sich wohl daraus, dass die Römer im Fall eines ungünstigen Ausgangs der Verhandlungen mit den Galliern die Hand frei haben wollten und es ihnen darum zu thun war, den Sidicinerkrieg rasch aus der Welt zu schaffen. Dass sie den Frieden mit den Galliern durch Geschenke oder gar Tribut, wie Niebuhr III 197 annimmt, erkauft haben, ist wohl glaublich: den Römern musste Angesichts der drohenden Gefahr einer Verbindung der Samniten mit den Sidicinern und Aurunkern und einer Schilderhebung der unterworfenen Latiner, Volsker und Campaner alles daran gelegen sein, vor den Galliern Ruhe zu haben, und es begreift sich dann, dass die späteren Annalisten den nicht ehrenvollen Friedensvertrag verschwiegen.

421 : Frühling 326; vg 333.

Bei Diodor, Livius, Cassiodor, Idatius und im Chronicon paschale wird dieses Jahr übergangen; die capitolinische Consulntafel ist hier nicht erhalten, aber die Worte des aus ihr abgeleiteten Chronographen von 354: hoc anno dictatores non fuerunt (offenbar die missverständliche Wiedergabe eines ursprünglichen hoc anno dictator et mag. eq., non consules, fuerunt) lehren, dass dieses Stadtjahr, dessen Vorhandensein in der capitolinischen und in der varronischen durch die Gesammtzählung verbürgt ist, mit 430, 445 und 453 zusammen zu den sog. Dictatorjahren gehört.

Gleich der vier- oder fünfjährigen Anarchie werden diese Dictatorjahre als falsche Einschiebsel angesehen, als inhaltlose Fülljahre und Lückenbüsser, welche von den ältesten Redactoren der Fasti eingelegt worden seien, um die in Interregnen verbrachte Zeit unterzubringen: nachdem in diesem Sinn sich schon Niebuhr II 627. III 221 über einige von ihnen ausgesprochen, ist durch Mommsens auf alle ausgedehntes Verdammungsurtheil (Chronol. p. 111 ff. Staatsr. I 581 fg.) die Ansicht von ihrer Unächtheit zu allgemeiner Anerkennung gekommen. Die Dictatorjahre sind so ächt wie alle andern und der Hauptgrund, welcher gegen sie geltend gemacht worden ist, der Hinweis auf die Kürze der dictatorischen Amtsfrist, welche im höchsten Fall auf sechs Monate sich erstrecken durfte, geht von einem Vorurtheil aus, welches zwar die meisten römischen Annalisten und ihre griechischen Nachtreter und auch unter den Neueren die Laien in der römischen Chronologie beherrscht hat, von Niemand aber besser und kräftiger bekämpft worden ist als eben von Mommsen: von dem Vorurtheil, welches die Jahre der römischen Aera sämmtlich als volle Jahre auffasst und nicht daran denkt, dass viele von ihnen kaum die Dauer eines halben Jahres erreicht haben. Da annus nicht bloss von dem zwölfmonatlichen Jahr, sondern auch von zehnmonatlichen Fristen gebraucht worden ist, so konnte, vorausgesetzt dass zwischen zwei Consuljahren auch Zeiträume vorgekommen sind, in welchen ein Dictator ohne

Consuln regiert hat, ein solcher um so mehr Jahr genannt werden, als er in der Eponymenliste mitten in der Reihe der Jahresregierungen auftrat, und es wäre selbst ohne das Vorkommen eines zehnmonatlichen annus denkbar, dass, weil der allergrösste Theil der in der Liste aufgeführten Regierungen theils factisch theils wenigstens rechtlich die Bezeichnung Jahr beanspruchen konnte und sie auch wirklich führte, man dem Grundsatz: fiat denominatio a potiori entsprechend die Benennung annus uneigentlicher Weise auf diese Dictatorenregierungen übertragen hätte. Zum J. 364 ist jedoch gezeigt worden, dass auch die sechsmonatliche Dictatorenfrist die Benennung annus geführt hat.

Von grösserer Bedeutung wäre, wenn er sich bestätigte, ein anderer von Mommsen aufgestellter und von allen Späteren adoptirter äusserer Grund: während die Anarchiejahre in der Ueberlieferung allgemein anerkannt werden, sollen die Dictatorjahre nur in der öffentlich auf dem Forum aufgestellten Jahrtafel und in den aus ihr abgeleiteten Listen der Taschenkalender und anderer auf den Gebrauch des gemeinen Lebens berechneter Hülfsmittel aufgeführt gewesen sein, nicht aber in den Chroniken und Annalen: von diesen seien sie nicht bloss in der Erzählung, sondern auch in der Zählung übergangen worden (Chronol. p. 114. Staatsr. I 581). Wir hoffen aber zu zeigen, dass die Dictatorenjahre ebenso allgemein anerkannt waren wie die Anarchiejahre, dass die wenigen Quellen, welche ihrer nicht gedenken, beiden Kategorien angehören und dass diese Uebergehung lediglich auf ein unter den gegebenen Umständen leicht mögliches Versehen zurückzuführen ist. Als die Annalenschriftsteller, welchen sich die Uebergehung der Dictatorenjahre nachweisen lässt, führt Mommsen Chronol. p. 117—129 den Livius, Dionysios, Diodoros und Gellius auf; nur dass Piso bei Censorin. 17, 13 das varronische Jahr 596, statt es mit einer noch niedrigeren Zahl zu bezeichnen, als Stadtjahr 600 aufführe, gesteht er nicht erklären zu können. Das einzige gegen die Dictatorenjahre aus einem älteren und eigentlich so genannten Annalisten, dem Cn. Gellius angeführte Zeugniss müssen wir ablehnen: es hat mit diesem schwerlich etwas zu schaffen. Mommsen Chronol. p. 129 bemerkt, dass Cassius Hemina und Gellius, da sie das Jahr nach der Alliaschlacht, welches bei Varro das 365. Jahr Roms ist, als das 363. Jahr bezeichnen (Macrob. sat. I 16,22), die livianische Jahrzählung vorausgesetzt, von 454 an (d. i. nach der Periode in welche die Dictatorjahre fallen) hinter der varronischen um 6 Jahre zurückgeblieben sein müssen, und findet es ziemlich gut dazu stimmend, dass das fannische Aufwandsgesetz vom J. 593 varr. „secundum Gellii rationem" nach der handschriftlichen Ueberlieferung bei Macrobius sat. III 17,5 in das Jahr 588 kam. Macrobius meint aber, wie uns scheint, nicht den alten Annalisten Gellius, sondern den von ihm so oft ausgeschriebenen Verfasser der noctes atticae: dieser behandelt noct. II 34 die Luxusgesetze und das dort § 2 gegebene Datum C. Fannio et M. Valerio coss. hat Macrobius in die entsprechende Jahrzahl umgesetzt und ist wohl DLXXXVIII in DLXXXXIII zu verbessern. Dass Macrobius den Vf. der noctes atticae sonst nie bei seinem Namen nennt, möchten wir Angesichts der beiden Stellen gemeinsamen Citats aus Lucilius nicht mit Peter frugm. p. CCXLIII als Grund für Entlehnung aus dem Annalisten ansehen.

Polybios III 22 setzt die ersten Consuln 28 Jahre vor Xerxes Uebergang, welcher im Frühling und Sommer 480 vor den Olympien, mithin Ol. 74,4 stattfand; die Entstehung der Republik fiel ihm also Ol. 67,7. 508 v. Chr., nur ein Jahr später als in der varronischen und der capitolinischen Aera. Er kann demnach die Dictatorenjahre nicht übergangen haben; die Abweichung eines Jahres führt auf den Schluss, dass er auf die Anarchie bloss vier Jahre gezählt hat. Dasselbe gilt von Cicero in dem Werke vom Staat, der höchst wahrscheinlich wie Polybios 242 Jahre auf die Königszeit rechnet und Roms Gründung Ol. 7,2. 750 v. Chr., also den Anfang der Republik Ol. 67, 4. 508 setzt. Dieselbe Gründungsaera und wahrscheinlich auch dasselbe Datum der ersten Consuln hatte der von Diodor ungeschickt ausgeschriebene Chronist, s. Euseb. chron. I 284, 30. Dass er die Anarchie- und Dictatorenjahre anerkannte, ist bereits zu 379 gezeigt worden; für die letzteren können wir noch zwei andere Beweise beibringen. Zum J. 436 bemerkt er (D. XIX 10) 'Ῥωμαῖοι ἔνατον ἔτος ἤδη διεπολέμουν πρὸς Σαυνίτας; ohne das Dictatorjahr 430 hätte er vom J. 428 an, in welchem der Samniterkrieg ausbrach, nur das achte zählen können. Vom Ende des Kriegs wird XX 101 zum J. 450 gesagt: 'Ῥωμαῖοι καὶ Σαυνῖται διατρεισθεισάμενοι πρὸς ἀλλήλους εἰρήνην συνέθεντο πολεμήσαντες ἔτη εἴκοσι δύο καὶ μῆνας Ϛ̅. Ohne 430 und 445 zu zählen hätte er bloss 20 volle Jahre bekommen; die sechs Monate aber beweisen, dass er nicht etwa einen Taschenkalender angesehen hat.

Diodor selbst hat allerdings die Dictatorjahre übergangen; dasselbe hat Livius und, wie Mommsen Chron. p. 122 beweist, Dionysios gethan; ebenso Entrop. II 9, welcher 49 statt 53 Jahre vom Beginn des ersten Samnitenkrieges bis zum Schluss des letzten (varr. 411—464) zählt. Derselbe Fehler begegnet uns aber auch in Listen und in einer solchen Weise, dass das Irrthümliche der Uebergehung in die Augen fällt. Idatius und die Paschalchronik machen ihn; wenn wir nicht wüssten, dass ihre Verzeichnisse auf die capitolinische Tafel zurückgehen (Mommsen Chr. p. 114), so könnten wir auf das Vorhandensein der vier Dictatorjahre in ihrer Quelle daraus schliessen, dass jener nur eines, diese zwei überspringt. Julius Africanus bei Syncell. I 400 zählt 725 Consulate von Brutus und Collatinus bis zu den Consuln von 974 d. St., setzt also den Anfang der Republik 504 v. Ch., was sich aus Uebergehung der Dictatorjahre erklärt. Er setzte Roms Gründung mit Fabius Pictor Ol. 8,1. 747 v. Ch. und hätte mit diesem[1]) 239 Königsjahre rechnend Brutus in Ol. 67,4. 508 v. Ch. bringen müssen; jenes Versehen nöthigte ihn, den Königen 243 Jahre zu geben: diese Zahl nämlich ist bei seinen Nachtretern Cedrenus I 263 (statt μγ′) und Leon Diakonos p. 263 Cram. (statt σμδ′) herzustellen. Auch in den Chroniken ist die Uebergehung nicht aus der Quelle übernommen: für Diodoros ist das oben erwiesen worden und Eutropius I 1 verräth es durch sein Gründungsdatum: Ol. 6,3.

---

1) Seine Zahlen hat Syncellus p. 367. 398. 449 aufbehalten.

753 v. Chr.; er und Velleius, welcher nachweislich die Dictatorenjahre anerkennt (s. zu 453), folgt dem Atticus oder Varro. Diese selbst aber haben keineswegs blosa Listen angefertigt, sondern Jahrbücher herausgegeben, welche in die Kategorie der „Chroniken" fallen; dass Cornelius Nepos in seiner Chronik die angeblich unterpolirten Jahre zählte, ergeben die von Solinus an vielen Stellen und Gellius XVII 21 ihm entlehnten Data.

Wie die Verfasser von Annalen dazu kommen konnten, die fraglichen Jahre zu übergehen, lehrt das Beispiel des Livius: weil die Dictaturen sonst innerhalb der Consulate und die Inhaber beider Aemter neben einander auftreten (so zwar, dass jenes vor oder spätestens mit diesem erlischt), so setzt er dasselbe Verhältniss auch bei diesen Dictaturen voraus: er erzählt von ihnen in den vorausgehenden Consulnjahren. Die von ihm benützten Annalisten haben aber, so weit hier ein Einblick möglich ist, die Dictatorenjahre keineswegs ausgeschlossen; dies beweisen die auf das Vorhandensein derselben gegründeten und der eigenen Rechnung des Livius widerstreitenden Data, welche bei diesem vorkommen: die Einnahme von Cumae durch die Campaner Liv. IV 34 im varr. Jahr 334.420 (nach Livius = 418 v. Chr.), vgl. mit Diodor XII 76, wo sie Ol. 89,4. 421 0 v. Chr. steht: der Sieg des Epeiroten Alexander bei Paestum Liv. VIII 17 varr. 422.332 (bei Livius selbst 422/329); der heilige Krieg gegen die Phoker Liv. VII 26 varr. 405/349 (livianisch 406.345). Zwei seiner Quellen, von welchen das gilt, können wir auch noch namhaft machen. Aus Claudius Quadrigarius stammt, wie anderswo gezeigt wurde,[1]) das Datum XXXIV 54, wo entweder das letzte Jahr der vermischten Schauspielsitze (varr. 559, liv. 556) oder das erste der gesonderten (varr. 560, liv. 557) als 558. Stadtjahr bezeichnet wird; wer hier die Dictatorenjahre anschliessen wollte, müsste 245 oder 246 Königsjahre annehmen. Valerius Antias rechnete 100 Jahre auf ein Spielsaeculum (Censorin. 17,8) und setzte in die varron. Jahre 305 406 505 605 die Feier von Saecolarspielen (Mommsen Chr. p. 182); er hat also die vier Dictatorenjahre anerkannt. Wir dürfen noch weiter gehen; auch die ältesten und ehrwürdigsten Annalenwerke haben dieselben bereits berechnet: Fabius Pictor, der älteste Herausgeber eines solchen, setzte, wie oben bemerkt wurde, die ersten Consuln Ol. 66,4. 508 v. Chr. und die städtische Chronik des Oberpontifex verlegte wenigstens zu Polybios Zeit die Gründung Roms in Ol. 7,2. 750 v. Chr.; beides setzt die Dictatorenjahre voraus.

Vielleicht können wir sogar ein zeitgenössisches Zeugniss beibringen, eine Inschrift, welche zwischen dem dritten und vierten Dictatorjahr geschrieben ist und von keinem geringeren Manne herrührt, als dem, welchen Mommsen Chron. p. 210 für den ersten Herausgeber der ältesten Redaction der officiellen Pontificalchronik, d. i. für den ersten Verbreiter der angeblich interpolirten Anarchie- und Dictatorenjahre hält. Nach Plinius hist. XXXIII 19 weihte 450 der Aedil Cn. Flavius der Concordia eine Kapelle und liess dort eine Erztafel mit der Inschrift anbringen: factam

---

1) Die römischen Quellen des Livius in der IV. u. V. Dekade, Philol. Suppl. III, 6 p. 85.

eam aedem CCIIII annis post Capitolinum dedicatam. Die Handschriften, auch die Bamberger, haben CCCIIII, was die Herausgeber mit Recht in CCIIII verwandeln; jede andere graphisch annehmbare Aenderung würde eine unter allen Umständen zu hohe oder zu niedrige Zahl[1]) hervorbringen. Nach Mommsen Chron. p. 198 dürfte es nicht rathsam sein, auf die schwankende Lesung bei Plinius viel zu bauen; doch ist die Lesung selbst nicht so schwankend, wie er damals (weil Jan als Lesart der Bamberger Handschrift CCIII angab) glauben musste, und Plinius hat selbst für die Sicherung des Textes vorgesorgt. indem er hinzufügt: ita CCCCXLVIIII a condita urbe gestum est, d. h. hienach (wenn nämlich von der Dedication bis dahin 204 Jahre vergangen sind) ist der Vorgang nicht u. c. 450 (hoc actum P. Sempronio P. Sulpicio coss. hat er selbst vorher gesagt) sondern schon 449 geschehen. Plinius setzte also wie die Mehrzahl der andern Schriftsteller (Cincius bei Livius VII 1, Pol. III 22, Liv. II 8, Plut. Public. 4 u. a.) die capitolinische Tempelweihe in das erste Jahr der Republik 245 d. St. und kam daher mit 204 Jahren Zuschlag bloss auf 449 d St. Er durfte nur der Anarchie 4 anstatt mit Varro 5 Jahre zählen, so erhielt er den gewünschten Abstand. Ob aber Flavius so gezählt hat, ist eine andere Frage. Die dabei vorausgesetzte Berechnung der Decemviruszeit zu 2 statt 3 Jahren ist eine Abirrung, welche in der ältesten Zählung nicht vorausgesetzt werden kann und in dem Censorenprotokoll von 362 bei Dionys. I 74 noch nicht Raum gefunden hat; das wahre Datum der Tempelweihe aber ist wohl 247, s. Dionys. V 35 und Tac. hist. III 72. Von da bis 450 d. St. sind 204 (inclusiv gezählt 205) Jahre. Flavius hat in beiden Fällen die Anarchie- und die Dictatorenjahre mitgezählt. Dieser Meinung ist nun zwar Mommsen auch; aber seine Voraussetzung, dass dieselben einer bereits von Flavius acceptirten Interpolation ihr Dasein verdanken,[2]) hat sich als unhaltbar erwiesen. Diese Jahre sind, wenn auch in uneigentlichem Sinn, wirklich vorhanden gewesen; von ihren Dictatoren gilt, was von den Interregnen unrichtig angenommen wird, dass sie ausserhalb des Consulats, in der Mitte zwischen zwei Consulnjahren gestanden haben.

Wenn hienach das ganze römische Alterthum, so lange die Republik stand, darin einig ist, dass es Zeiten gegeben hat, in welchen Dictatoren ohne Consuln regierten, so kann es auch mit der staatsrechtlichen Unmöglichkeit, welche man ihnen nachsagt, nicht so schlimm gestanden haben. An sich war eigentlich der andere Fall, der Fortbestand der regelmässigen Oberbehörde neben der Dictatur staatsrechtlich unstatthaft: das Wesen des Consulats besteht ja darin, dass es im Feld und in

---

1) Man könnte an CCVIIII, CCXIIII oder CXCIIII denken

2) Wie konnte auch Flavius, von dem übrigens nur die Herausgabe des Gerichtskalenders bezeugt wird, zwischen 442 und 446 (Mommsen Chr. p. 211) Consularfasten mit interpolirten Fülljahren veröffentlichen, wenn eines gerade damals eingelegt wurde, eines erst später eingelegt worden ist? Die Pontifices konnten doch eine Interpolationsstelle nicht in die Zukunft verlegen. Und die Zeitgenossen hätten an die schon interpolirten geglaubt? Vgl. auch O. Seeck im Hermes XIV 154.

der Stadt den Befehl führt, beide Aemter schliessen einander aus. Polybios III 87, Dionysios V 77. XI 20, Appian Hann. 12, Plutarch Anton. 8 und quaest. rom. 81, d. h. alle alten Schriftsteller, welche von dem Gegenstand sprechen,[1]) versichern, dass mit der Ernennung des Dictators alle Gewalten ausser dem Volkstribunat erloschen. Dies war Rechtens; aber de facto gestaltete sich die Sache in der Regel anders: weil die meisten Dictatoren nicht sechs Monate sondern nur bis zur Erledigung des Nothfalls, der ihre Ernennung herbeigeführt hatte, im Amt blieben, so liess man die gewöhnlichen Beamten nicht abdanken, sondern die Gewalt derselben ruhte nur, um nach der Abdankung des Dictators wieder aufzuleben. Sie galten bis dahin rechtlich nicht als Beamte, sie hatten kein Imperium und keine eigenen Auspicien: sie waren, wie Mommsen selbst anerkennt, weiter nichts als Legaten des Dictators, der sie sogar zum Abdanken zwingen konnte, und damit ist ja schon alles gesagt. Nur musste die rechtliche Ausserdienstsetzung, je complicirter die Staatsverwaltung wurde, desto mehr hinter der factischen Beibehaltung der Functionen wenigstens bei den Unterbeamten zurücktreten. Jene strenge Definition des Rechtsverhältnisses bei Polybios u. a. und die Angabe des Dionysios V 70. 72, dass bei Einführung der Dictatur die Consuln abdanken mussten, setzen voraus, dass es Zeiten gegeben hat, in welchen mit jenem Verhältniss Ernst gemacht war, und dies sind eben die vier Dictatorjahre. Konnte der Dictator die Consuln zur Abdankung zwingen, so konnte dies Rath und Gemeinde ebensogut und hat es auch sonst oft genug gethan: in jenen vier Jahren müssen die Consuln beim Eintritt der Dictatur abgedankt haben und dass dies geschehen ist, lässt sich, obgleich wir fast bloss auf Livius, der bei seiner gänzlichen Verkennung des Thatbestands die geschichtliche Ueberlieferung unmöglich rein erhalten konnte, angewiesen sind, doch bei zwei Jahren (430 und 445) noch nachweisen. Am trübsten fliesst dieselbe bei 421.

Nach Liv. VIII 16 fg. haben die Consuln von 420, anstatt mit dem noch nicht beendigten Sidicinerkrieg aufzuräumen zuerst durch Veranlassung einer Coloniegründung in Cales die Gunst des Volkes zu erwerben gesucht; dann übernahmen sie das Heer, welches bis dahin die alten Consuln befehligt hatten, und zogen verwüstend bis vor Teanum; da aber die Sidiciner ein ,ungeheures' Heer aufgebracht hatten und einen Verzweiflungskampf in Aussicht stellten, auch Samnium die Waffen ergreifen wollte, so wurde P. Cornelius Rufinus zum Dictator ernannt. Die sichtliche Uebertreibung der Leistungsfähigkeit des Völkchens von Teanum Sidicinum und

---

1) Dass es lauter Griechen sind, ist ein Spiel des Zufalls; sie haben ja doch nur aus römischen Quellen geschöpft. Die Behauptung Mommsens (Staatsr. II 147), dass die andern von Polybios abhängen oder dass alle auf eine und dieselbe Quelle zurückgehen, ist ihrem ersten Theil nach entschieden zu bestreiten, dem andern nach unerweislich und unwahrscheinlich.

der am unrechten Platz angebrachte, auf Kriegsuntüchtigkeit hindeutende Tadel der Consuln, welche offenbar durch die Colonisirung von Cales die Strasse nach Capua decken wollten, lässt vermuthen, dass die Vorgänge sich etwas anders verhalten haben; die von dem Historiker angegebenen Gründe der Bestellung eines Dictators sind unzulänglich. Die Consuln hatten vermuthlich vor Teanum nichts ausgerichtet und daher abdanken müssen. Der Dictator hat angeblich gar keine Thaten verrichtet sondern wegen vitioser Wahl wieder abgedankt; darauf sei eine Seuche eingetreten, in Folge deren alle Auspicien von diesem vitium angesteckt zu sein schienen und ein Interregnum herbeigeführt wurde. Dass auch diese Darstellung unrichtig ist, lehrt c. 17,8 Samnium quoque iam alterum annum turbari novis consiliis suspectum erat: eo ex agro Sidicino exercitus Romanus non deductus, woraus, wie Weissenborn bemerkt, hervorgeht, dass der Widerstand der Sidiciner vom Dictator unterdrückt worden ist. Erst nachher, als eine Seuche eintrat, welche Nachforschungen über die Ursache des göttlichen Zornes herbeiführte, fand man (die Finder waren wohl Freunde der abgedankten Consuln), dass die Wahl des Dictators nicht in Ordnung gewesen; als er abdankte, musste nothwendig ein Interregnum eintreten, weil keine Consuln mehr da waren.

Der Winter 327/6 v. Ch. verging wahrscheinlich mit der Gründung der neuen Colonie; mit Frühlings Anfang mögen die Consuln im Sidicinerland eingerückt, im April oder Anfang Mai der Dictator an ihre Stelle getreten sein; sein Abgang vom Amt fällt Ende Juni oder Anfang Juli.

422—429 : 1. Juli 326—319; vg. 332—325.

Für 425 ist als Amtsepoche der 1. Juli bezeugt, Liv. VIII 20 eo ipso die, kal. Quinctilibus, quo magistratum inierunt; da zwischen 422 und 425 keine Störung wahrzunehmen ist, so setzen wir ihre Einführung in 422; die Vorgänge der Jahre 420 und 421 passen vollkommen zu dieser Annahme. Gegen Ende des J. 427 wurde, als die Comitienzeit herankam, ein Wahldictator bestellt, die Gültigkeit seiner Ernennung aber bestritten, so dass das Jahr ablief und ein Interregnum eintrat, Liv. VIII 23 ad interregnum res rediit. Nicht weniger als 14 Regierungsverweser folgten auf einander, so dass, dem herrschenden Vorurtheil zufolge, der Antrittstermin sich nun auf den 1. oder 13. September verschoben haben müsste, wie auch Niebuhr III 221; 226 wirklich annimmt. Die Data des Vestinerkriegs beweisen aber, dass dies nicht geschehen ist. Dieser begann gleich zu Anfang des J. 429: denn der Abfall der Vestiner gehört dem Ende von 428 an (L. VIII 29,1) und der Kriegsbeschluss dem ersten Tage von 429, L. VIII 29,2 insequentis anni consulibus nulla prior potiorve visa est (res) de qua ad senatum referrent. Der Krieg wurde eröffnet mit Verwüstung der Saaten, VIII 29, 11 et pervastavit agros et populando atque urendo tecta hostium sataque in aciem invitos extraxit. Dies war im Juli möglich, aber nicht im September oder Oktober.[1])

430 : Herbst 319; vg. 324.

Wie zu 421 und 445 so bemerkt zu 430 der Chronograph von 354: hoc anno dictatores non fuerunt; Idatius, mit welchem die Paschalchronik übereinstimmt: his coss. tum dictator creatus Papirius Cursor et mag. eq. Drusus (soll heissen Rullus). Die capitolinische Siegestafel verzeichnet den Triumph des Dictators bei diesem Jahre. Livius erzählt zwar von der Dictatur des Papirius Cursor unter dem vorausgegangenen Consuljahr; aber aus seiner Darstellung ist zu entnehmen, dass die Consuln nach der Wahl des Dictators abgedankt hatten. Die Wahl der Consuln für 431 wurde vom Dictator geleitet, L. VIII 37 dictator triumphans urbem est ingressus et cum se dictatura abdicare vellet, iussu patrum priusquam abdicaret, consules creavit. Dies geschah schon in der ersten Hälfte des März; wären die Consuln des Jahres 429, welches am 1. Juli begonnen hatte, noch im Amt gewesen, so würde die Wahlzeit erst ein Vierteljahr später eingetroffen sein und der Dictator hätte dem Herkommen gemäss sofort nach dem Triumph, welcher der Siegestafel zufolge am 5. März stattfand, seine Würde niederlegen können, ohne erst mit der Wahl sich bemühen zu müssen. Daraus, dass unter dem Dictator das Consulat nicht fortbestand, erklärt sich auch der Umstand, dass im weiteren Verlauf der Dictatur keiner der angeblich noch amtirenden Consuln (von welchen wenigstens der eine, Brutus, durch Krankheit nicht abgehalten war und da die entscheidende Schlacht, von welcher Livius spricht, im Hochsommer stattgefunden hatte, sich wieder in der Stadt befinden musste) sondern ein

---

[1] Ueber die angeblichen Gleichzeitigkeiten der Jahre 422 und 427 s. Syschronismen p. 578 und 586.

Privatmann zum Stadthauptmann ernannt wurde, c. 36,1 dictator praeposito in urbe L. Papirio Crasso, magistro equitum Q. Fabio vetito quicquam pro magistratu agere, in castra rediit; wie denn auch als sein Vertreter im Lager c. 35,11 nur ein Legat genannt wird.

Ueber die Ursachen, welche zur Einsetzung einer Dictatur ohne Consuln führten sind wir diesmal, trotz der Unterdrückung dieses Thatbestandes bei Livius, besser unterrichtet, als im J. 421. Der eine, mit dem grösseren Krieg beauftragte Consul war durch schwere Verwundung feldtuntüchtig geworden, L. VIII 29 alterum cos. L. Furium morbo gravi implicitum fortuna bello subtraxit iussusque dictatorem dicere; von Brutus wird zwar ein grosser, alles entscheidender Sieg über die Vestiner und die Eroberung zweier Städte derselben berichtet, aber (worin die Siegestafel mit Livius übereinstimmt) kein Triumph und kein Friedensschluss; die eroberten Städte Cingilia und Cutina werden sonst nirgends erwähnt, sind also unbedeutende Castelle gewesen und der angebliche Sieg ward theuer erkauft, cap. 29,12 haudquaquam incruento milite suo. Niebuhr III 221 findet in diesem Verlust die Ursache der Nichtgestattung des Triumphes; sonst wird, wenn der Erfolg gross genug ist, das als kein Hinderniss der Siegesehren betrachtet. In Wahrheit ist es wohl eine Niederlage oder wenigstens ein unentschiedener Kampf gewesen. Die Krankheit des einen, die geringe Leistung des andern Consuls war es vermuthlich, die zur Bestellung eines dictatorischen Alleinregiments führte.

Der Feldzug des Dictators, welcher am 5. März endigte, hatte längere Zeit gedauert; zweimal (c. 30 und 33) wird eine Reise desselben vom Lager in die Stadt gemeldet, vgl. 35,10 forte ita eo anno evenit, ut quotiescunque dictator ab exercitu recessisset, hostes in Samnio moverentur, und von dem zweiten Stadtaufenthalt bemerkt schon Weissenborn, dass er längere Zeit weggenommen zu haben scheine. Vor dem 13. September kann die Dictatur, wegen ihrer sechsmonatlichen Maximaldauer, nicht ins Leben getreten sein, jedenfalls aber auch nicht viel später.

431—433 : 15. März 318—316; vg. 323—321.

Auf den 15. März schliessen wir daraus, dass 430 der Dictator am 5. März triumphirte, die Abdankung aber, welche er dem Herkommen gemäss dann gleich vollzogen haben würde, noch hinausschob, bis er die Wahlen zu Stande gebracht hatte. Dazu stimmen die Data des J. 432: der Siegestafel zufolge triumphirte Fulvius an den Quirinalien (17. Febr.), Fabius aber XII Kal. Mart. Hätte das Jahr den Schaltmonat gehabt, so würde XII Kal. Mart. demselben angehört und den 40. Tag des Februar bezeichnet haben; die Consuln hatten aber den Krieg gegen die Samniten mit einander geführt und ist es also höchst wahrscheinlich, dass ihre Triumphtage unmittelbar auf einander folgten. Wir schliessen hieraus, dass im Februar des Stadtjahres 432 kein Schaltmonat eingelegt war, und können dadurch ein Prüfungsmittel für unsere Zeitrechnung gewinnen. Die Stadtjahre 494 (beginnend am 1. Mai 260 v. Ch.) und 518 (Anfang 1. Mai 236 v. Ch.), beide der Zeit vor der Kalenderverwirrung angehörig, hatten der capitolinischen Siegestafel zufolge den Schaltmonat: dieser wurde alle zwei Jahre eingelegt und traf demnach in den Februar der vorchristlichen Jahre unsrer Aera, welche mit einer ungeraden Zahl bezeichnet sind (Februar 259 und 235), umgekehrt der Februar des römischen Schaltjahres in die vorchristlichen jul. Jahre gerader Zahl. Dazu stimmt, dass der Februar des Jahres 432 d. St. nach unsrer Rechnung in 316 v. Ch. fällt.

434—439: Herbst 316—311; vg. 320—315.

Die Schmach von Caudium führte zu vorzeitigem Abbruch des J. 433, Zonar. VII 26 τοὺς ὑπάτους παραυτίκα ἔπαυσαν; Liv. IX 7 consules abditi in privato nihil pro magistratu agere, nisi quod expressum senatus consulto est, ut dictatorem dicerent comitiorum causa. Der Wahldictator, welchen die Consuln aufstellen mussten, trat wegen eines Formfehlers wieder ab; auch sein Nachfolger brachte die Wahlen nicht zu Stande und es folgte ein von zwei Verwesern nach einander geführtes Interregnum. Dass der Rücktritt der alten Beamten, der Eintritt des Interregnum und damit die neue Jahrepoche geraume Zeit vor dem 10. December (da man sonst den nahe bevorstehenden Eintritt dieses Tages hätte abwarten können), also spätestens auf den 1. November fiel, schliessen wir aus dem Bericht über die bei dem Vorgang von Caudium betheiligt gewesenen Volkstribunen: erst den neuen Consuln gelang es sie zur Ablankung zu bewegen. Andrerseits lehrt das Triumphdatum des J. 435, der 21. August, dass wir als die neue Epoche frühestens den 1. September ansehen können.[1])

Schwierigkeit macht die Geschichte der J. 438 und 439. Fassen wir den Bericht des Livius wörtlich, so haben in jedem von beiden Jahren entweder die Consuln höchstens ein halbes oder die Dictatoren ein ganzes Jahr lang regiert: IX 21 C. Junius Bubulcus et Q. Aemilius Barbula coss. exitu anni non consulibus (des J. 438) ab se creatis, Sp. Nautio et M. Popilio, ceterum dictatori L. Aemilio tradiderunt; IX 22 anno circumacto bellum deinceps ab dictatore Q. Fabio gestum est; consules novi (des J. 439) sicut superiores, Romae manserunt; Fabius ad accipiendum ab Aemilio exercitum ad Saticulam cum supplemento venit; IX 24 novi consules (des J. 440) M. Poetelius C. Sulpicius exercitum ab dictatore Fabio accipiunt. Dass kein Dictator vor Sulla über sechs Monate regiert hat, ist schon zum J. 364 bemerkt worden; der andere Fall lässt sich nur für 439 (s. u.) annehmen: 438 kommen keine Anzeichen vor, welche auf vorzeitige Abdankung der Consuln hinweisen, und gleichzeitige Ernennung der Consuln und des Dictators ist kaum denkbar, weil das durch letztere gegen die Person der Consuln vorausgesetzte Misstrauen vielmehr zu einer Dictatur ohne Consuln, wie wir sie in den Dictatorjahren vorfinden, geführt haben würde. Jedenfalls ist klar, dass Livius sich eine Fahrlässigkeit hat zu Schulden kommen lassen; wie flüchtig er hier erzählt lehrt schon das gänzliche Fehlen der Consulnamen IX 22 beim Jahr 439.

Der Ausdruck exitu anni in der ersten der drei citirten Stellen scheint von der Quelle des Livius anders aufgefasst worden zu sein als dieser ihn verstanden hat: die Worte ab se creatis geben zu erkennen, dass er das Amtsjahr meint. Die gewöhnliche Bedeutung von exitu anni: im letzten Abschnitt (den letzten Monaten oder wenigstens Wochen) des Jahres, lässt sich hier offenbar nicht anwenden; aber auch die schärfere, beschränktere Beziehung auf die letzten Tage, welche meist durch extremo anni ausgedrückt wird, ist unpassend: denn die neuen Consuln mussten schon angetreten haben, wenn sie das Heer übernahmen, und auch dies geschah nicht gleich am ersten Tage des Amtsjahres.

Bei Beziehung auf das Amtsjahr hätte also initio insequentis anni, nicht exitu anni gesagt werden müssen. Auch die Erwähnung des Dictators

---

[1] Die Ansichten Bredows und Mommsens über die Jahranfänge von 434 bis 478 s. zum J. 476.

beweist, dass nicht vom Ende des Amtsjahres die Rede sein kann: einen Kriegsdictator wählte man nicht in den letzten Tagen des Jahres; das ist nie vorgekommen und konnte nicht vorkommen, weil in diesen die neuen Consuln gewählt wurden oder gewählt waren, ihre Wahl aber zur Voraussetzung das allgemeine Vertrauen zur persönlichen, vor allem zur kriegerischen Tüchtigkeit derselben hatte. Dass aber der Dictator Aemilius nicht schon seit längerer Zeit im Amt sondern erst jetzt, eben zur Ablösung der bisherigen Befehlshaber im Samnitenkrieg bestellt worden war, geht nicht bloss daraus hervor, dass Livius ihn bei dieser Gelegenheit zuerst erwähnt, sondern auch aus der langen, bis zum Ende des J. 438 fortgesetzten Dauer seiner Regierung. Gegen beide Deutungen von exitu anni (in den letzten Tagen des Jahres und im letzten Jahresabschnitt) beweist ausserdem noch der Umstand, dass eine Dictatur nicht zwei verschiedenen Amtsjahren zugleich angehören konnte. Lange Alt. I 758 beruft sich zwar, um dies zu beweisen, auf unsere Stelle, aber Mommsen Staatsr. II 152 Anm. 4 hat aus Liv. XXX 39,5 erwiesen, dass mit dem Schlusse des Amtsjahrs auch das Amt des Dictators ablief[1]), und wie wenig Liv. IX 21 beweisen kann, zeigt unsere obige Auseinandersetzung. Hiezu kommt das Zeugniss der (nach unsrer Ansicht wenigstens) besten römischen Quelle, die wir besitzen, der capitolinischen Tafel, welche die Dictatur des Aemilius Mamercinus nicht unter 437 sondern erst beim J. 438 anführt. Wenn somit klar wird, dass seine Ernennung erst im Laufe dieses Jahres erfolgt sein kann, so ergibt sich, dass wir den Worten exitu anni eine andere, von Livius verkannte Beziehung beilegen müssen: dieselbe, welche wir zum J. 372 bei Liv. VI 22 nachgewiesen haben, nämlich auf das altrömische Kalenderjahr. Wenn Livius sagt, dass die Consuln Junius Bubulcus und Aemilius Barbula nicht den neuen Consuln das Heer übergeben haben, so kann dies, wie aus der Sache selbst hervorgeht und oben schon bemerkt worden ist, erst nach Anfang des neuen Amtsjahres geschehen sein, zu einer Zeit demnach als sie nicht mehr Consuln sondern, wie man später sagte, Proconsuln waren, und exitu anni bedeutet demnach: zu Ende des Februar und damit des Winters. Das Amtsjahr hatte

---

1) Der Grund dieser Einrichtung liegt wohl darin, dass das Auspicium der Consuln für die Dauer der Dictatur auf den Inhaber dieser Gewalt übergegangen, folglich nicht länger als bis zum Ablauf des Consulnjahres wirksam ist.

im Herbst begonnen, in der rauheren Jahreszeit, in der man vermuthlich nichts mehr unternehmen wollte: mit Frühlingsanfang kommt der neue Heerführer, nachdem den Winter hindurch die Consuln des Vorjahres beim Heer geblieben waren. So hatte im J. 428 der Consul des Vorjahres den Befehl noch den ganzen Winter hindurch beibehalten, obgleich seine Nachfolger seit dem 1. Juli im Amt waren, Dion. Hal. XV 14 ἡ περὶ Οὐολούσκους χειμάζουσα δύναμις ἣν εἶχε Κορνήλιος.

Wenn somit Aemilius zu Ende des Februar 438 (vor Chr. 311) Dictator geworden ist, so muss sein Amt spätestens Ende August, also noch vor dem frühestens am 1. September erfolgten Anfang des J. 439 erloschen sein. Daraus, dass er gleichwohl im J. 439 noch bis zur Ernennung und Ankunft des neuen auch in den capitolinischen Consularfasten erst unter diesem Jahr genannten Dictators Fabius das Heer befehligt, ziehen wir den Schluss, dass er bis zum Wechsel des Amtsjahrs Dictator gewesen und dann, als eine Art Prodictator, beim Heere geblieben war, bis er durch einen Nachfolger im Befehl abgelöst wurde. Dass dies von Rechts wegen geschehen konnte, erkennt Mommsen Staatsr. II 1.163 (vgl. I 617) an; wenn er behauptet, dass ein Fall dieser Art nicht nachgewiesen werden könne, so dürfen wir auf den hier in Rede stehenden und auf den Fall des Fabius im nächsten Jahre bei Liv. IV 24 (novi consules exercitum ab dictatore Fabio accipiunt) verweisen: denn auch dieser Wechsel des Oberbefehls ist frühestens einige Tage nach dem Antritt der neuen Consuln des J. 439, möglicher Weise gleichfalls erst mehrere Monate darnach eingetreten. Der Ausdruck dictatore ist daher hier ebenso zu beurtheilen wie c. 21 consules.

440—444: Frühling 310—306; vg 314—310.

Der alte Jahranfang im Herbst ist 441 nicht mehr zu finden und der Frühling an die Stelle dieser Jahreszeit getreten, Liv. IX 28 consules egregia victoria parta protinus inde ad Bovianum oppugnandum legiones ducunt ibique hiberna egerunt, donec ab novis consulibus nominatus dictator exercitum accepit. Triumphe wurden am 1. Juli 440; 13. August 442 und 5. August 443 über die Samniten, am 13. August 443 über die Etrusker gefeiert; nach Erwähnung des Sieges, welcher zum letztgenannten Anlass gab, sagt Liv. IX 32,11 nec deinde quicquam eo anno rei memoria dignae apud Sutrium gestum est, zum Zeichen, dass noch ein grosser Theil des Amtsjahres zur Verfügung gestanden haben würde, ein grösserer als beim Fortbestehen der herbstlichen Antrittsepoche zu erwarten gewesen wäre.

Da das J. 440 unter sehr günstigen Umständen endigte, so muss die Verkürzung das vorausgehende J. 439 betroffen haben. In dieses fällt die schwere und schimpfliche Niederlage des Dictators Fabius bei Lautulae, über welche nur Diodor XIX 72 die volle Wahrheit berichtet. Derselbe war nach der Schlacht mehrere Tage lang von den Feinden eingeschlossen, bis der neue Reiteroberst mit einem neuen Heere herankam und ihm den Durchbruch ermöglichte, Liv. IX 23. Bald darnach muss das Amtsjahr geendigt haben: denn die Wirkung der Niederlage kommt um die Zeit des Jahreswechsels zur Erscheinung. Die nächste, noch im alten Jahr 439 erkennbare Folge war der Abfall der Völker in der Nähe des Schlachtfeldes, dagegen der von Capua und Luceria gehört bereits dem nächsten an, Liv. IX 23, 2 u. 11 omnium circa qui defecerunt populorum; 25, 2 consules (des J. 440) in urbes Ausonum bellum intulerunt: mota namque omnia adventu Samnitium, cum apud Lautulas dimicatum est, fuerant coniurationesque circa Campaniam passim factae nec Capua ipsa crimine caruit; wie auch Diodor XIX 76 die Ausnützung des Siegs durch die Samniten und den Abfall von Capua erst unter dem J. 440 erzählt. Ebenso ist der Abfall Luceriae in diesem Jahr (L. IX 26) offenbar eine Folge jener Niederlage. Die schlechte Beschaffenheit der Ueberlieferung[1]) bei unserem Hauptschriftsteller, welcher hier kurz nach einander mehrmals die Quelle wechselt, überall die am schönsten gefärbte Darstellung auswählt und mit Diodor sich mehrfach in Widerspruch findet, macht es unmöglich, die Chronologie und Geschichte dieser Jahre genau zu ermitteln; aber alles spricht dafür, dass das zweite der Jahre, in welchen bei Livius das Consulat nicht länger als eine Dictatur gedauert zu haben scheint, wirklich einen derartigen Verlauf genommen hat. Denn der Dictator Fabius hat laut IX 22, 1 (anno circumacto bellum deinceps ab dictatore Q. Fabio gestum est; consules novi, vicut superiores, Romae manserunt) bald nach dem Antritt der Consuln den Befehl übernommen und da er bis zum Abgang

---

1) Vgl. Niebuhr III 221; Jhne I 344; Weissenborn zu L. IX 22, 11; 23, 17.

derselben befehligte, so empfiehlt es sich, die Dauer des Jahrs 439 auf wenig über 6 Monate zu veranschlagen und anzunehmen, dass in Folge der grossen Niederlage mit dem geschlagenen Dictator auch die beiden Consuln abgedankt haben. Auffallend bleibt dabei, dass diese keine geringeren Männer gewesen sind als Papirius, einer der besten Feldherrn jener Zeit, und der gleichfalls im Krieg wohlbewährte Publilius Philo; dies ist aber nicht minder räthselhaft als die von Niebuhr III 267 u. a. unglaublich gefundene Thatsache, dass auch die Kriegführung jenes Jahres nicht ihnen, die nach dem ausdrücklichen Zeugniss des Livius in der Stadt blieben, sondern einem Dictator anvertraut worden war.

445 : Spätsommer 306 ; vg. 309.

Das dritte Dictatorjahr. Fasti capit.: L. Papirius Sp. f. L. n. Cursor II. dict. rei gerund. causa. C. Junius C. f. C. n. Bubulcus Brutus II. mag. eq. Hoc anno dictator et mag. eq. sine cos. fuerunt. Ebenso, die gewöhnlichen Entstellungen abgerechnet, der Chronograph von 354, Idatius und die Paschalchronik. Die Erklärung, dass der Grund der Erhebung dieser Dictaturzeiten zu eigenen Amtsjahren in der vorausgegangenen Abdankung der Consuln zu suchen ist, findet ihre Bestätigung in der capitolinischen Siegestafel, welche den Consul von 444 bei Gelegenheit seines während der Dictatur des Papirius gefeierten Triumphes Proconsul nennt. Bei Livius, der die Abdankung der Consuln nicht anerkennt und in Folge dessen die Dictaturen dieser angeblich interpolirten Jahre den vorausgegangenen Consulnjahren zuweist, sind die Spuren des wahren Sachverhalts diesmal weniger verwischt. Dem Herkommen zuwider dankt der Dictator nach dem Triumph, welchen er am 15. October feiert, noch nicht ab: Liv. IX 40, 15 erwähnt die Abdankung nicht und der gegen alle Gewohnheit hier angeführte Rathsbeschluss, welcher die Ermächtigung zum Triumph gegeben habe, bezog sich wohl in erster Linie darauf, dass Papirius aufgefordert wurde, die Dictatur noch fortzuführen bis zur Rückkehr des Fabius und zum Vollzug der Neuwahlen. Die weitere zur Erklärung der Dictatorjahre nothwendige Annahme, dass man mit den Consuln unzufrieden war und sie nach der Dictatur nicht ins Amt zurücktreten lassen wollte, findet hier genügenden Anhalt: Marcius hatte sich als schlechter Heerführer gezeigt, er war geschlagen und eingeschlossen worden; Fabius aber hatte wider den Willen des Senats das Heer über den ciminischen Wald hinaus bis nach Nordetrurien geführt und dessen Lage so gefährdet, dass man die Möglichkeit der Rückkehr bezweifelte (IX 36, 14. 37, 1; 11. 38, 4. 39, 1). Auch sein eigenthümliches, von Livius (IX 38, 12) bloss aus der zwischen beiden Männern bestehenden Feindschaft erklärtes Benehmen, als er den Dictator ernennen musste, die besonderen Anstalten, welche der Senat machte, um ihn dazu zu vermögen, und die Belobung, welche ihm für seine Selbstüberwindung von den Abgeordneten des Rathes ausgesprochen wurde (IX 38, 11—14), findet volles Verständniss erst, wenn man bedenkt, dass ihm nach einer kühnen und eigenmächtigen aber tapferen und erfolgreichen Kriegführung vorzeitige Abdankung zugemuthet wurde.

Vor der Ernennung des Dictators, als Fabius schon jenseits des ciminischen Waldes Krieg führte, war es Sommer, L. IX 37 dato signo paulo ante lucem, quod aestivis noctibus sopitae maxime quietis tempus est; der Triumph des Dictators fällt auf den 15. October; sein Antritt also wahrscheinlich in den Spätsommer.

446—452 : 1. December 306—300; vg. 308—302.

Nach dem Dictator triumphirte im J. 446 der gewesene Consul Fabius, Liv. IX 40,12, und zwar, laut der Siegestafel, am 13. November; dann folgten noch die Wahlen, L. IX 40 Fabius triumphans urbem est ingressus; devictorum Samnitium decus magna ex parte ad legatos est versum, quos populus proximis comitiis consulem alterum alterum praetorem declaravit. Die Consuln von 446 traten also, da zur Fortführung der Dictatur nach den Wahlen kein Grund mehr vorlag, wahrscheinlich am 1. December an. Dazu stimmen die andern Data. Der Triumph des Marcius am 29. Juni 448 fand ziemlich lang vor dem Schluss des Jahres statt: denn der Consul kehrte dann zu seinem Collegen nach Samnium auf den Kriegsschauplatz zurück und die Wahlen musste wegen der Abwesenheit beider ein Dictator leiten (L. IX 44,1). In der siegreichen Schlacht, nach welcher der eine Consul des J. 449 am 5. October triumphirte, war der andere schwer verwundet worden; er starb und aus der Vornahme einer Ersatzwahl (Fasti cons. und L. IX 45,15) ist zu schliessen, dass damals noch ein ziemlicher Theil des Amtsjahres übrig war. Die Triumphe des J. 450 fanden am 24. September und 29. Oktober statt.

Im J. 452 landete der Spartaner Kleonymos mit einer Flotte an der italischen
Küste und nahm die sonst nirgends genannte Stadt Thuriae südlich von Brundisium
im Sallentinerland weg. Der Consul Aemilius Paulus, welcher gegen ihn ausgesandt
wurde, siegte in einer Schlacht und zwang ihn jene Küsten zu verlassen. Kleonymos
fuhr dann nordwärts bis nach Venetien, wo er eine noch grössere Niederlage erlitt
(Liv. X 2). Der herkömmlichen Reduction zufolge wäre das 302 v. Ch. geschehen.
Nun meldet aber Diodoros XX 104 fg. unter dem J. 303,[1]) dass die Tarentiner wegen
eines Krieges, welchen sie mit den Lucanern und Römern hatten, den Kleonymos
mit 5000 Söldnern anwarben; dieser gewann die meisten Griechenstädte Italiens und
die Messapier auf gütlichem Wege, die Lucaner aber und Metapont zwang er zu einem
Bündniss mit Tarent. Dann trat er, ähnlich wie Alexandros vor und Pyrrhos nach
ihm, hochfahrend und eigensüchtig auf: er fuhr nach Kerkyra und unterwarf sich
diese Insel; als er aber hörte, dass die Tarentiner und einige von den andern Volks-
gemeinden abgefallen seien, da segelte er nach Italien zurück, um sie zu züchtigen,
landete an einer Stelle wo die Barbaren Wacht hielten, nahm die Stadt ein und
machte die Einwohner zu Sclaven; ebenso eroberte er das sog. Triopion und machte
dort 3000 Gefangene. Aber durch einen nächtlichen Ueberfall der Barbaren verlor
er 1200 Mann und als ein Sturm ihm zwanzig Schiffe vernichtete, fuhr er nach
Kerkyra zurück.

Diese unglückliche Landung des Kleonymos an der italischen Küste bei Triopion
hält Niebuhr III 320 und Droysen, Diadochen 2,189 für die von Livius erzählte;
richtiger erklärt Rospatt im Philologus XXIII 75 beide für zwei nach Inhalt und
Zeit verschiedene Begebenheiten. Sie sind das schon unter dem von Rospatt ein-
genommenen Standpunkt der herkömmlichen Zeitberechnung; bei unserer Auffassung
erscheinen sie noch weiter von einander entfernt: die von Diodor erzählte Landung
fällt in das J. 303, wahrscheinlich in den Herbst; dagegen die des Livius in den
Frühling oder Sommer 299 v. Ch.

Die Erwähnung der Römer bei Diodor am Anfang seines Berichtes, c. 104
Ταραντῖνοι πόλεμον ἔχοντες πρὸς Λευκανοὺς καὶ Ῥωμαίοις beruht nach unserer Ansicht auf einem Textfehler. Den Annalen zufolge führte Rom damals (gleichviel ob
nach der gewöhnlichen oder nach unserer Zeitrechnung) keinen Krieg mit Tarent
und im Verlauf des c. 104 sieht man sich vergebens nach einer Auskunft über die
Frage um, wie Kleonymos, der doch nach Diodor die Tarentiner von ihren Ver-

---

1) Ol. 119, 2 (XX 102). Diodor hat überall die Jahrrechnung seiner Quelle (Unger, Akadem.
Sitzungsb. 1878. I 379), diese aber ist hier die Geschichte des Agathokles von Duris, in deren drittem
Buch der italische Aufenthalt des Kleonymos erzählt war: das von Athenaios XIII 84 aufbewahrte
37. Fragment findet sich bei Diod. XX 104 wieder. Duris beginnt das Jahr lange vor dem Sirius-
aufgang (Diod. XIX 109) und dem Monat August (XX 5); der Winter steht am Schluss der Jahrbeschreibung (XX 69); Ol. 119, 2 bedeutet also das Jahr von Frühlings Anfang 303 bis ebendahin
302 v. Chr.

legenheiten befreite, den angeblichen Krieg dieser Stadt mit Rom zu Ende gebracht hat. Und doch werden die bisherigen Feinde, um deren willen Tarent ihn gerufen hatte, nochmals angeführt und die Auseinandersetzung mit ihnen erzählt, aber neben den Lucanern erscheint jetzt nicht Rom sondern Metapont in dieser Eigenschaft: οἱ μὲν Λευκανοὶ καταπλαγέντες φιλίαν ἐποιήσαντο πρὸς τοὺς Ταραντίνους, τῶν δὲ Μεταποντίνων οὐ προσεχόντων αὐτῷ τοὺς Λευκανοὺς ἔπεισε συνεμβαλεῖν εἰς τὴν χώραν. Es ist also Μεταποντίνοις statt Ῥωμαίοις zu lesen. Auch in der Landungsgeschichte sind Textfehler: die nach ἐπλει ἐπὶ τὴν Ἰταλίαν folgenden Worte προσχὼν τῇ χώρᾳ καθ' ὃν τόπον ἐφύλασσον οἱ βάρβαροι τὴν μὲν πόλιν ἐξηνδραποδίσατο τὴν δὲ χώραν ἐλεηλάτησεν setzen mit Nothwendigkeit voraus, dass der Name des italischen Volkes und Landes, von dessen Stadt die Rede ist, genannt war; andrerseits kann Diodor unmöglich gesagt haben, dass Tarent von Kleonymos abgefallen sei: dieser war ja ein Dienstmann der Tarentiner, ihr Heerführer, und wenn er dies Verhältniss auch allmählich gelockert und endlich ganz gelöst hat, so ist doch dasselbe nie so völlig umgekehrt worden, dass Tarent nunmehr von ihm abhängig gewesen wäre; Diodor spricht nicht einmal ausdrücklich von einer Lösung der bisherigen Beziehungen. Wir suchen in τοῖς δὲ Ταραντίνοις καὶ τῶν ἄλλων τινὰς πυθόμενος ἀφεστηκέναι den Namen jenes Barbarenvolkes, einen Namen der zugleich den der Hauptstadt mit anzeigte. Vielleicht stand Πευκετίνοις: Brundisium war die grösste Stadt der Messapier; unter den Völkern, die Kleonymos bei seiner ersten Ankunft zum Anschluss und damit zur Abhängigkeit gebracht hatte, werden c. 104 diese allein mit Namen genannt, vielleicht eben desswegen weil ihr nachheriger Abfall ins Auge gefasst ist. Mit ἄλλων τινὰς sind wahrscheinlich andere messapische Gemeinden gemeint, wie z. B. die Bewohner des (sonst nicht genannten) Triopion.

Die Sallentiner erscheinen bei Livius im Stadtjahr 452 zum ersten Mal als Bundesgenossen Roms; wann sie es geworden sind, erzählt er nicht; die einzige Erwähnung aus früherer Zeit, Liv. IX 42, kennt sie als Feinde Roms im Samniterkrieg, welche der Consul Volumnius im J. 447 d. St. glücklich bekriegte. Man vermuthet, dass sie nach der Beendigung des Samniterkriegs 450 d. St. mit Rom Friede und Bündniss schliessen mussten; dies ist sehr wahrscheinlich, aber mit der herkömmlichen Zeitrechnung nicht vereinbar, welche dies Stadtjahr mit 304 v. Ch. gleichsetzt: denn wir finden ja bei Diodor noch im folgenden Jahr die Messapier (welche mit den von Livius X 2 genannten Sallentinern höchst wahrscheinlich identisch, aber auch wenn man diese für die Japyger der Südostspitze halten müsste, ihrer geographischen Lage nach gleich diesen im Stadtjahr 452 von Rom abhängig zu denken sind) in keinerlei Verhältniss zur Stadt: zuerst treten sie in Abhängigkeitsbündniss zu Tarent und Kleonymos, dann fallen sie von diesen ab, beides hätten sie als Bundesgenossen Roms nicht thun können.

Wenn man nun auch den Abschluss des Vertrages, kraft dessen wir im Stadtjahr 452 die Römer als Schutzherrn der Sallentiner auftreten sehen, in ein anderes Jahr als das des Samniterfriedens setzen wollte, mit dem Synchronismus des Kleonymos lässt sich die bisherige Annahme, dass dies 302 v. Ch. geschehen ist, doch nicht vereinigen: derselbe setzt voraus, dass die Messapier und (wenn beide verschieden sind) Sallentiner erst nach 303 v. Ch. in den römischen Bund eingetreten sind; die Vorgänge des Stadtjahrs 452 aber nöthigen zu der Annahme, dass dies spätestens im Stadtjahr 451, wahrscheinlich aber (da eine eben erst geschlossene Bundesgenossenschaft wohl auch bei der Geschichte des J. 452 in Erwähnung gekommen wäre) noch vor diesem Jahre geschehen ist. Das Stadtjahr 447, in welches der Sallentinerkrieg der Römer fällt, entspricht bei uns dem J. 304 v. Ch.; drei Jahre später schlossen die Samniten Frieden (301 v. Ch.). Hiezu passt es vollkommen, dass 452 d. St., d. i. 299 v. Ch. der Bund zwischen Rom und den Sallentinern besteht: zu seinem Abschluss mag ebensowohl die Demüthigung der Samniten als die Feindschaft mit Tarent und Kleonymos geführt haben.

453: Spätsommer 299; vg. 301.

Im J. 452 triumphirte der Dictator Junius Bubulcus am 30. Juli und weihte dann noch am 5. August den neuen Tempel der Salus ein (Liv. X 2); damit schliesst seine Thätigkeit. Es folgt ein Freundschaftsvertrag mit den Vestinern; dann aber wurde auf die Kunde von Unruhen in Arretium und einer Erhebung der Marsen gegen die Anlage der Colonie Carseoli eine Dictatur eingesetzt, welche mit einer zweiten, ihr nachgefolgten zusammen das Stadtjahr 453 ausfüllt, Fasti cap.: Q. Fabius) M. f. M. u. Max.imus Rullianus II dict. rei gerund. caussa. M. Aim)ilius L. f. L. (n. Paullus mag. eq. Hoc an)no dictat(or [1]) et mag. eq. sine cos. fuerunt. M. Valerius) M. f. M. n. (Corvus II. dict. rei gerund. caussa. M. Sempr)oniu(s P. f. C. n. Sophus mag. eq. Der Chronograph von 354 hat aus den zwei Dictatoren ein Consulnpaar gemacht; Idatius schreibt: His coss. item Corvinus dictator et Emilius mag. eq. mensibus VI deinde fuerunt. Auch Livius X 3,3 weiss nur von einem Dictator, dem Valerius Maximus, als dessen Reiteroberst bald Q. Fabius Maximus bald Aemilius Paulus bezeichnet werde. Die von Livius ausgesprochene Vermuthung, dass der dem Valerius und Fabius gleicher Weise zukommende Beiname Maximus die Irrung herbeigeführt habe, trägt zur Erklärung der Varianten nichts bei; eher könnte sie auf ihn selbst angewendet werden. Der zweite Dictator war Valerius Corvus, dem Livius den Beinamen des Fabius, Maximus (anstatt Corvus), angehängt hat; als den vermeintlichen einzigen

---

[1] Vielleicht dictatores zu ergänzen.

Dictator ihn anzusehen verführte der Umstand, dass Valerius es war, der die Marsen und die Etrusker besiegte und über beide Völker triumphirte.

Durch die Vermengung beider Dictaturen in unserer einzigen ausführlicheren Quelle ist es unmöglich geworden, den Zusammenhang der Ereignisse genau zu erkennen. Man erfährt weder, warum die Consuln, von denen der eine wenigstens zum Reiterführer (allerdings vom Dictator, während die Abdankung auf Geheiss des Senats erfolgt sein müsste) ernannt wurde, abdanken mussten, noch wie sich die beiden Dictaturen zu einander verhalten. Die Bekleidung des Reiterführeramtes neben dem Consulat wird von Dio Cassius XLIII 33 als herkommenswidrig (παρὰ τὰ πάτρια) bezeichnet, während das Consulat mit der Dictatur sich öfter vereinigt findet (Mommsen Staatsr. II 166. I 496). Dies scheint der Grund gewesen zu sein, warum Aemilius und mit ihm sein Amtsgenosse Livius, von welchem keinerlei Thaten gemeldet werden, nachdem ohnehin bereits der grösste Theil des Amtsjahres verflossen war, das Consulat niederlegten. Die Geschichte der ersten Dictatur hat Livius in Folge seiner Vermengung übergangen: was er erzählt, die glückliche Kriegführung mit den Marsen und den Etruskern, geht, wie die Siegestafel lehrt, die zweite an. In die Zeit des ersten Dictators setzen wir die Gründung von Carseoli. Ursache des Marsenkrieges war diese neu angelegte Colonie, L. X 3 nuntiabatur Marsos agrum vi tueri, in quem colonia Carseoli deducta erat, quattuor milibus hominum scriptis. Livius hat vorher nicht angegeben, dass und wann diese Coloniegründung beschlossen und ausgeführt wurde; die letzten der angeführten Worte bilden einen Nachtrag zu dieser Uebergehung. Aus Velleius I 14, 5 tunc Sora atque Alba deductae et Carseoli post biennium, vgl. mit Liv. X 1 unter dem J. 451: Soram atque Albam coloniae deductae ersehen wir, dass die Gründung von Carseoli in das Dictatorjahr 453 gehört, und da die Dictatur des Valerius Corvus später fällt, so müssen wir sie in die des Fabius verlegen. Zugleich erhellt, dass auch Velleius die Dictatorjahre anerkennt; darum sagt er c. 14, 4 nach Nennung der Gründung von Cales im J. 420[1]) nicht post annum wie c. 14, 7. 15, 4 oder proximo anno wie c. 14, 8 sondern insequentibus consulibus Acerranis data civitas von einem Ereigniss des J. 422: zwischen beiden Consulaten in der Mitte lag das Dictatorjahr 421.

---

1) Im Vulgattext ist die Ordnung gestört, s. Philologus XXXIII 731.

Da keine Consuln mehr vorhanden waren, so muss der zweite Dictator vom ersten ernannt worden sein, ein Fall der sonst nicht vorkommt, aber rechtlich wohl begründet ist: sonst ernennt der Consul den Dictator, weil er die höchste Gewalt und die Auspicien besitzt, was in diesem Fall auf den bisherigen Dictator zutraf. Die Consuln des nächsten Jahres wurden allerdings nicht von dem zweiten Dictator sondern von einem Interrex gewählt, L. X 5, 14; der Grund springt aber in die Augen: Corvus war es selbst, der zum Consul ernannt wurde; durch das Interregnum vermied er es, sich selbst wählen zu lassen, was nach L. XXVII 6 (multo foedioris exempli) und X 15 (pessimo exemplo) für unanständig galt, vgl. Mommsen Staatsr. I 474.

Dass 453 doch bloss ein Fülljahr gewesen sei, könnte man mit Mommsen Staatsr. I 501 aus L. X 13 legem recitari iussit, qua intra decem annos eundem consulem refici non liceret schliessen, wo Fabius auf dies Gesetz hin sich weigert, nachdem er 446 Consul gewesen, sich für 457 wieder wählen zu lassen. Das war aber nicht sein eigentlicher Grund, von dieser Weigerung lesen wir auch bei den Wahlen für 455 (L. X 9,10), 458 (X 15,9) und 459 (X 22,2), so dass die Vermuthung nahe liegt, hier sei von den Annalisten auf mehrere Jahre übertragen worden, was bloss von einem galt. Dieselben Gründe wie für 457, also sein Alter und das Gesetz, hätte er nach X 15 (Fabius primo de se eadem fere quae priore anno dicendo abnuere) auch für 458 geltend gemacht, woraus Peter fr. hist. CXCIX den Schluss zieht, dass er an beiden Stellen dem Piso folgt, welcher nach L. IX 44,3 die zwei Jahre 447 und 448 übergieng; man kann auch umgekehrt den Schluss ziehen, dass die Quelle von X 15,9 den Hinweis auf das licinische Gesetz für das Vorjahr nicht anerkannte. Unter diesen Umständen ist es nicht rathsam, auf jene Stelle viel zu geben.

454—460 : 1. Dec. 299—293; vg. 300—294.

Valerius Corvus, der zweite Dictator 453, triumphirte am 21. November; da er seine Aufgabe erfüllt hatte und die Neuwahlen durch einen Interrex vollzogen wurden, so setzen wir die neue Epoche des Jahreswechsels auf den 1. December. Dazu stimmt, dass 456 die Wahlen auf den Triumph des 13. November folgen, L. X 13 Fulvius consul de Samnitibus triumphavit, cum comitia consularia instarent, fama exorta etc.; ferner dass 459 bei dem nicht gleich am Anfang des Jahres (L. X 26, 5) geschehenen Abgang des Fabius zum Heere nach Etrurien der Winter noch nicht ganz zu Ende war, L. X 25 hiems hauddum exacta, vere inde primo etc.; auch folgten 459 auf den Triumph, welchen Fabius am 4. September feierte, noch viele kriegerische Ereignisse, Liv. X 31, 1—7, vgl. mit 30,8. Nach dem Triumph des 24. September 455 wurde die Colonie Narnia angelegt (X 10, 5); die von nur zwei Interregen nach einander zu Anfang 456 geführte Verwesung (L. X 11, 10) konnte an der Amtsepoche nichts ändern.

Nach einem dreissigjährigen Frieden, wie Polybios II 19 sagt, erschienen wieder Transalpiner in Oberitalien; ihren Andrang wussten die dortigen Gallier durch Einleitung eines gemeinsamen Feldzugs gegen die Römer von sich abzolenken, in Etrurien stiessen Angehörige dieses Landes zu ihnen und die Gallier verliessen das römische Gebiet erst, nachdem sie grosse Beute gemacht hatten. Bei Livius X 11 fällt, als eben die Etrusker mit dem Plane umgehen, den Krieg gegen Rom zu erneuern, ein grosses Gallierheer bei ihnen ein; es wird mit Geld abgefunden, aber vergebens zur Betheiligung am Zug gegen Rom eingeladen, welcher in Folge dessen unterbleibt. Diese Darstellung ist darauf berechnet, die den Galliern ungestraft hingegangene Plünderung römischen Gebiets zu verwischen; dass Polybios Recht hat, lehrt die Thatsache, dass die Etrusker dann bekriegt wurden, c. 11,1 T. Manlio consuli provincia Etrusca sorte venit; wegen der blossen Absicht sich zu erheben hätte man vor Ablauf des Ende 453 geschlossenen zweijährigen Waffenstillstandes (c. 5,12) nicht Krieg mit ihnen anfangen können. Während des J. 455 starb der Consul Manlius; es wurde ein Ersatzconsul gewählt, welcher den angefangenen Plünderungskrieg fortsetzte. Der Beginn dieser Vorgänge, das Erscheinen der Transalpiner, fällt demnach in den Frühling oder wenigstens noch in die erste Hälfte des Jahres 297 v. Ch., mit welchem nach obiger Rechnung das Stadtjahr 455 (nach herkömmlicher Umsetzung = 299 v. Ch.) fast vollständig zusammenfällt; dass Polybios sich dasselbe nicht früher gedacht hat, geht aus seinen Angaben über den nächsten Gallierkrieg hervor, und ebendahin führt die 30jährige Dauer des Friedens, der, wie oben gezeigt wurde, 327 v. Ch. (im Stadtjahr 419 oder 420) zu Stande gekommen war.

Im vierten Jahr darnach, schreibt derselbe a. a. O., verbündeten sich die Samniten mit den Galliern und tödteten in der Schlacht bei Camers (ἐν τῇ Καμερτίων χώρᾳ) den Römern viele Leute. Diese zogen wenige Tage darnach mit allen Legionen aus und hieben in der Schlacht bei Sentinum den grössten Theil der Gallier nieder; der Rest wandte sich in wilder Flucht nach Hause. Die römische Niederlage fand in der That vier Jahre nach dem Zug der Gallier statt; im J. 459, mit Frühlings Anfang (Liv. X 25,11), hatte die zweite Legion bei Clusium, welches einst Camars hiess' ein Lager bezogen; sie wurde von den Senonen fast vollständig aufgerieben (c. 26,10). Die Schlacht bei Sentinum fand im Sommer desselben Jahres 459 statt, c. 28,4 Gallorum corpora intolerantissima laboris atque aestus fluere; der Triumph am 4. September. Er wurde der Siegestafel und Liv. X 28,4 zufolge über Samniten Etrusker und Gallier gefeiert. Polybios setzt diese Ereignisse nicht früher als 293 v. Ch.: denn er zählt von da bis zum Senonenkrieg des J. 471, welches auch der herkömmlichen Rechnung zufolge erst im Lauf von 283 v. Ch. und zwar, wie wir sehen werden, im Juli 283 anfieng, zehn Jahre. Da die von ihm zu Grund gelegte Jahrform den Frühlingsanfang zur Epoche hat, die Niederlage bei Camers ihm also in den Frühling oder Sommersanfang 293 fällt, so gewinnen wir hiedurch eine vollständige Bestätigung der obigen Rechnung, nach welcher das Stadtjahr 459 sich seinem grössten Theile nach mit 293 v. Ch deckt. — Ueber 460 s. d. folg. Abschn

461 - 469 : (1.) April 292 — 284 ; vg. 293 — 285.

Den Anfang des J. 461 setzen wir in den Frühling, nicht mehr in die ersten Zeiten des Winters. Zuerst führten beide Consuln längere Zeit in Samnium Krieg. Eroberungen Schlachten und Verheerungszüge wechselten mit einander ab, bis der eine zur Heerführung in Etrurien abgerufen wurde. Diese Aenderung geschah um Winters Anfang, etwa im November, Liv. X 45, 11 Etruria Carvilio sorte evenit secundum vota militum, qui vim frigoris iam in Samnio non patiebantur. Bald machte in Samnium dichter Schnee das Lagern im Freien unmöglich, c. 46, 1 nives iam omnia oppleverant nec durari extra tecta poterat. Daher führte Papirius das Heer nach Rom und zog, nachdem Carvilius bereits am 13. Januar triumphirt hatte, dort gleichfalls im Triumph ein, c. 46, 2; Tag desselben war der 13. Februar. Noch aber war vom Jahr so viele Zeit übrig, dass das Heer des Fabius Winterquartiere beziehen konnte, c. 46, 9 ab triumpho exercitum in agrum Vescinum, quia regio ea infesta ab Samnitibus erat, hibernatum duxit.

Da 459 noch die alte Amtsfrist geherrscht hatte, so muss die Verkürzung das J. 460 betroffen haben. Der Consul Atilius Regulus war schon frühzeitig ins Feld gerückt, L. X 32 Samnium ambobus decreta provincia est. Postumium valetudo adversa Romae tenuit; Atilius extemplo profectus; als die Samniten sein Lager überfielen, musste Postumius, kaum genesen, dahin abgehen, c. 33,9. Nach Livius haben dann beide Consuln Erfolge davon getragen; aber Atilius wurde — wie wir gleich sehen werden, lange vor der Zeit — zur Abhaltung der Wahlen abberufen und als er auf einen Triumph Anspruch machte, mit diesem Ansuchen abgewiesen (c. 36, 19); der andere triumphirte eigenmächtig. Die capitolinische Tafel verzeichnet von beiden Triumphe, gehalten am 27. und 28. März; um diese Zeit, wahrscheinlich noch vorher, waren also die Wahlen abgehalten worden. Daraus, dass diese kaum sechs Monate nach

Jahresanfang (December) stattfanden, geht mit Nothwendigkeit hervor, dass die Heimberufung der Vorbote vorzeitiger Abdankung war, natürlich veranlasst durch schlechte Kriegführung. Dass diese unglücklich gewesen, lehrt auch das Eingeständniss des Livius (der für seine eigene Erzählung abermals die günstigste Version ausgelesen hat), dass die Ueberlieferung schwanke und dem Claudius zufolge Postumius eine schwere Niederlage erlitten habe; die Versagung des Triumphes setzt bei Atilius Aehnliches voraus: er war bei Luceria so geschlagen worden, dass er bis Interamna zurückweichen musste (c. 35—36) und hatte an zwei Kampftagen 7800 Mann verloren (c. 36,15). Aus den Angaben der Triumphtafel ist zu schliessen, dass die Siegesfeier demselben nachträglich doch noch verwilligt worden ist, ein Compromiss jedenfalls, wie wir ihn auch 403 anzutreffen geglaubt haben: für dies Zugeständniss konnte der Consul in die zugemuthete Abdankung willigen. Einige unwesentliche Erfolge hatten gewiss beide im Felde davongetragen, eben die welche Livius mittheilt. Aus den angegebenen Triumphdaten folgt, dass die neuen Consuln im April, höchst wahrscheinlich am 1. April, angetreten haben.[1]

470—475 : 15. Juli 284—279.

Der 1. (oder 13.) April, in welchem wir so eben den Antrittstag des Jahres 461 erkannt haben, ist es im Jahre 474 nicht mehr: in diesem wurde am 1. Februar und dann am 10. Juli triumphirt; darauf dass die Beamten mindestens seit 472 nicht mehr im Frühling sondern in der zweiten Hälfte des jul. Jahrs anfingen, deuten auch die Triumphdata von 472 und 473, der 5. März und 1. April hin. Die neue Amtsepoche entfiel den Daten des J. 474 zufolge frühestens auf den 15. Juli und gerade auf diesen Tag sie zu setzen veranlasst uns die Geschichte des J. 473. Gleich im Anfang desselben (Dionys. XVII 9 ἄρτι Αἰμιλίου τὴν ἀρχὴν παρειληφότος) kamen die römischen Gesandten von Tarent zurück und meldeten den dort erlittenen Schimpf. Rath und Gemeinde beschloss, der Consul Aemilius Barbula, welcher bereits nach Samnium abgegangen war und dort Krieg führte (Appian Samn. 7,3 πολεμοῦντι Σαυνίταις), solle vor Tarent rücken, aber erst nach einem letzten gütlichen Versuch Feindseligkeiten anfangen. Als die Tarentiner statt nachzugeben sich an Pyrrhos

---

[1] Ein Proconsulartriumph am 1. August 464; von da bis 472 fehlt uns die Siegestafel.

wandten, begann er das Land zu verwüsten; jene zogen aus, wurden aber geschlagen und ihnen auch einige feste Plätze entrissen (Zon. VIII 2); da der Consul die Gefangenen mild behandelte und einige hervorragende Männer freiliess, schlug in der Stadt die Stimmung um und der Römerfreund Agis wurde zum unumschränkten Feldherrn erwählt. Kaum war dies geschehen, so erschien Kineas und machte alles rückgängig; bald (μετ' οὐ πολύ, Zon.) landete auch Milon mit einer Abtheilung Epeiroten, welche Burg und Mauern besetzten. Desswegen und weil bereits der Winter eingetreten war (Zon. διὰ τὸν χειμῶνα προσκαρτερεῖν οὐχ οἷός τε ἦν), rückte Aemilius nach Apulien. Gegen Ende des Winters (280 v. Ch.) erschien Pyrrhos selbst, Dio Cass. fr. 40,6. Zon. VIII 2. Geht schon aus diesen Thatsachen hervor, dass die Consuln damals noch vor dem Herbst ins Amt getreten sein müssen, so ergiebt sich uns das früheste hier mögliche Datum, der 15. Juli, aus Dionys. XVII 12 ἅπασαν τὴν πολεμίαν διεξῄει ἀροῦρας τε ἀκμαῖον ἤδη τὸ σιτικὸν θέρος ἐχούσας περὶ διδοὺς καὶ δένδρα καρποφόρα κείρων. Droysen Epigonen 1,129 bezieht dies abgerissene Fragment auf die Verwüstungen, welche Aemilius nach der Zurückweisung seiner gütlichen Vorschläge im Tarentinischen anrichtete, übersieht aber, dass das römische Amtsjahr damals nicht vor dem 15. Juli begonnen hat. Diese ersten Feindseligkeiten gegen Tarent lassen sich frühestens vier Wochen nach dem Wechsel des Amtsjahres, also nicht vor Mitte August ansetzen, während in Tarent, wie Droysen selbst hervorhebt, schon zu Anfang Juni geärntet wird. Jene Verwüstungen müssen ein Land mit rauherem Klima und späterer Erntezeit betroffen haben, was nach Lage der Dinge nur von Samnium gelten kann. Dort führte Aemilius am Anfang des Jahres, gleich nach seinem Amtsantritt, Krieg und dieser hat wahrscheinlich nur in Verheerung des platten Landes bestanden. Eine spätere Zeit als die zweite Hälfte des Juli oder die erste des August lässt sich hinfür nicht annehmen; in beiden Fällen erhalten wir als Amtsepoche den 15. Juli.

Die Verkürzung der Jahresdauer, welche den neuen Antrittstag herbeiführte, legen wir dem Consulat von 469 bei und finden ihre Ursache in der letzten Secession der Plebs. Die Zeit derselben bestimmt sich, wie Niebuhr III 493 bemerkt, darnach dass die Epitome des Livius per. XII dieselbe zwischen dem Lustrum von 465 und dem gallischen Krieg von 471 erwähnt und Diodoros XXI 12 von ihr nach dem Tode des Agathokles (289 v. Ch. = 465 varr.) schreibt. Hiezu kommt, dass der Dictator Hortensius, welcher nach Liv. a. a. O. die Plebs zurückführte und im Amt starb, in dem verlornen Stück der capitolinischen Fasten von 465—469 gestanden haben muss, weil von 470 an er dort nicht erwähnt wird, s. Mommsen inscr. lat. I 565. Diese Dictatur und die Secession fällt also zwischen 465 und 469 (nicht 468, wie Mommsen schreibt). Wir besitzen aber noch ein andres Zeitmerkmal, bei Zonaras VII 2 δημάρχων τινῶν χρεῶν ἀποκοπὰς εἰσηγησαμένων, ἐπεὶ μὴ καὶ παρὰ τῶν δανειστῶν αὕτη ἐδίδοτο, ἐστασίασε τὸ πλῆθος καὶ οὐ πρότερον τὰ τῆς στάσεως κατηυνάσθη, ἕως πόλεμοι[1] ἐπῆλθοσαν τῇ πόλει. ἦρξαν δὲ τῶν πολέμων οἱ Ταραντῖνοι, Τυρσηνοὺς καὶ Γαλάτας καὶ Σαυνίτας καὶ ἄλλους προσεταιρισάμενοι πολλούς. Der Krieg begann gleich zu Anfang des J. 471 (s. u.); die Umtriebe und Aufwieglungsversuche der Tarentiner gehören also dem J. 470 an, ebenso die Botschaft des Fabricius, welche den Abfall der Bundesgenossen verhindern sollte, vgl. Dio Cassius fr. 39: ‚als die Römer hörten, dass die Tarentiner und einige andre Völker sich zum Kriege gegen sie rüsteten, schickten sie den Fabricius in die mit ihnen verbündeten Städte. Jene aber nahmen ihn fest, sandten zahlreiche Botschafter an die Etrusker, Umbern und Gallier und brachten die einen sogleich (παραχρῆμα), die andern nicht viel später zur Theilnahme am Abfall.' Wir setzen daher die Dictatur und die Secession in das J. 469 und nehmen an, dass diese (gleich den zwei früheren Secessionen) die vorzeitige Abdankung der Regierenden herbeigeführt hat: die sofortige Aufstellung neuer Consuln mag eine der Friedensbedingungen gewesen sein; dass die Consuln des Jahres nicht sonderlich bei der Plebs beliebt waren, lehrt die Aufstellung des Dictators.

Zehn Jahre nach der Schlacht bei Sentinum fällt nach Polyb. II 19,7—20,3 die Niederlage des Praetors Lucius (Metellus) bei Arretium im Kampf gegen die gallischen Belagerer, der grosse Sieg über die Senonen, welchem die Ausrottung des ganzen Stammes und die Colonisation von Sena folgte, endlich die Niederlage der Boier und Etrusker am Vadimonsee. Nirgends deutlicher als hier zeigt sich die Unrichtigkeit der herrschenden Zeitrechnung, welche die Schlacht von Sentinum (459

---

1) So die Handschriften Dindorfs; die Ausgaben anachronistisch πόλεμοι: nicht der erst ein Jahr später erfolgte Ausbruch des Krieges sondern die Kriegsbefürchtungen endigten den Streit; auch sind die Feinde keineswegs gegen Rom gezogen sondern vor Arretium gerückt, welches sie belagerten. Auf πόλεμοι bezieht sich dann τῶν πολέμων zurück.

d. St.) in das J. 295 v. Ch. setzt und nun keinen Auswog findet, um mit zehn Jahren in 471 d. St. zu gelangen, dessen Consuln Dolabella und Domitius die Besieger der Senonen und der mit den Etruskern vereinigten Boier gewesen sind. Mommsen — um von Fischer, Peter, Ihne u. a. ganz zu schweigen — setzt die Niederlage von Arretium 470|284, die folgenden Kämpfe 471|283; da ihm aber Polybios römische Quellen ausschreibt (Hermes XIII 550), so durfte er für sämmtliche Angaben desselben nur 469,285 annehmen; ihm bedeutet διαγενομένων ἐτῶν δέκα ein Intervall von 11 Jahren, aber Polybios setzt als Grenzen dieses Zeitraums nicht ganze Jahre sondern Ereignisse und die Schlacht bei Sentinum hat lang vor Ende des römischen Amtsjahres stattgefunden. Es wird aber mit dieser Ausflucht gar nichts gewonnen: denn der Untergang des Metellus bei Arretium gehört nicht, wie auch Droysen Epig. 1,197 und überhaupt, Niebuhr III 499 angenommen, alle behaupten, dem J. 470 oder 469 sondern sammt den andern Ereignissen dem J. 471 an, Orosius III 22 (d. i. Livius): Dolabella et Domitio consulibus Lucani Bruttii Samnites quoque (schr. Samnitesque) cum Etruscis et Senonibus Gallis facta societate, cum redivivum contra Romanos bellum molirentur, Romani ad exorandos Gallos misere legatos ; quos cum Galli interfecissent Caecilius praetor cum exercitu missus ab Etruscis Gallisque oppressus interiit.

Nach unserer Rechnung beginnt Stadtjahr 471 am 15. Juli 283, 4—5 Monate nach dem Anfang des bei Polybios zu Grund liegenden Jahres, also in der That zehn Jahre nach der Schlacht bei Sentinum (Sommer 293). Der Gesandtenmord und die Unternehmung des Metellus sind an den Anfang des Consuljahres zu setzen, weil ihnen noch viele grosse, zum Theil sicher längere Zeit kostende Vorgänge gefolgt sind; daraus erklärt es sich, dass die Consuln selbst erst später anftreten; vermuthlich waren sie noch mit den Aushebungen beschäftigt. Die Niederlage bei Arretium setzen wir daher in den August 283 ; und noch in den Spätsommer den Auszug der Consuls (Pol. II 19,10 τῶν Ῥωμαίων ὑπὸ τὸν θυμὸν ἐκ χειρὸς ἐπιστρατευσαμένων) und die grosse Schlacht gegen die Senonen, welche ihnen auf dem Weg entgegenkamen (ἀπαντήσαντες συνέβαλλον). Der Einzug in das Senonenland, dessen Einwohner theils niedergemacht theils verjagt worden, der Beginn der Colonisirung von Sena und die dadurch veranlasste Erhebung der Boier und Etrusker fallen in den Herbst und vielleicht auch Winteranfang.

Im nächsten Jahr wiederholen diese den Kampf, aber wieder mit unglücklichem Ausgang, Pol. II 20,4 τῷ κατὰ πόδας ἐνιαυτῷ αὖθις οἱ προειρημένοι παρετάξαντο πρὸς Ῥωμαίους, ἡττηθέντες δὲ μόλις εἶξαν ταῖς ψυχαῖς καὶ συνθήκας ἔθεντο πρὸς Ῥωμαίους. Diesen entscheidenden Sieg erfocht der Consul von 472|282 Q Aemilius Papus in Etrurien bei Populonia, Frontin. strat. I 2,7 (die Verbesserung Papus statt Paulus stammt von Niebuhr III 502, vgl. Droysen Epig. 1,119). Eine andere Erwähnung dieses von manchen Neueren gar nicht gekannten Kriegs haben wir im Hermes XIV 88 bei Dionys. XVIII 5 Κόιντον Αἰμίλιον τὸν συνάρξαντα τῷ Φαβρικίῳ καὶ τὴν ἡγεμονίαν τοῦ Τυρρηνικοῦ πολέμου σχόντα nachgewiesen. Das Fragm. XII der Siegestafel beginnt mit dem Rest des J. 472: — eisque III nonas Mart. Die

Ergänzung ist auf Fabricius gemacht worden, weil dessen Triumph 476 als der zweite bezeichnet wird; da aber kaum anzunehmen ist, dass der glänzendere Erfolg des Aemilius, davongetragen über weit mehr gefürchtete Gegner und in viel grösserer Nähe an der Stadt, mit keinem Triumph belohnt worden sei, so kann jenes Ueberbleibsel auch auf ihn bezogen werden, oder der seinige ist vorausgegangen. In beiden Fällen findet sich, dass der Feldzug des Papus vor dem März 281 stattgefunden hat, also vor Schluss des bei Polybios vorausgesetzten Jahres (Frühlingsanfang 282 bis ebendahin 281). Dazu stimmt Pol. II 20,6 ταῦτα συντέβαινε γίγνεσθαι τῷ τρίτῳ πρότερον ἔτει τῆς Πύρρου διαβάσεως εἰς τὴν Ἰταλίαν, πέμπτῳ δὲ τῆς Γαλατῶν περὶ Δελφοὺς διαφθορᾶς. Nach römischer Zählung wäre das ein Jahr vor Pyrrhos Landung (473 d. St.) gewesen; Polybios (d. i. Timaios) zählt in inclusiver Weise das dritte Jahr von Frühling 282—1 bis Frühling 280—79; Pyrrhos fuhr Ende Winters 280 aus, wie Dio Cassius fr. 40,6 οὐδὲ τὸ ἔαρ ἔμεινεν sagt, wobei wahrscheinlich die späteste Frühlingsepoche, die Nachtgleiche, vorausgesetzt ist: in der ausführlichen Schilderung der Ueberfahrt bei Plut. Pyrrh. 15 wird die Ursache des Schiffbruchs, welchen die Flotte erlitt, nicht in den zu erwartenden Eigenschaften der Jahreszeit sondern umgekehrt in dem wider Berechnung erfolgten Eintritt des Nordwinds gefunden: μέσον ἔχων τὸν Ἰόνιον ἁρπάζεται βορέᾳ ἀνέμῳ παρ' ὥραν ἐκραγέντι. Er fuhr vielleicht zur Zeit, wo sich das Meer öffnet, um den 10. März (Vegetius r. mil. IV 39 natalis navigationis): am 9. März zeigt Clodius Tuscus Südwind, am 13. derselbe und am 14. Columella West- oder Südwind an, letzterer mit dem Zusatz: bisweilen auch Nordwind; vgl. oben zum J. 405. Der Untergang der Gallier, Ol. 125,2. 279'8 nach Pausanias X 23,9, fällt demnach zwischen März und Juli 278. Ebenso Droysen Diad. 2,352, der auch die Ueberfahrt des Pyrrhos in den Frühlingsanfang 280 setzt; dagegen Epig. 1,119 fällt ihm der Untergang der Gallier bei Delphi Ende 279; dies ist eine Folge der Ansicht, dass Polybios attische Jahre vorausgesetzt, die Schlacht bei Populonia also vor Juli 282 stattgefunden habe.

476—531 : 1. Mai 278—223.

Aus den von 476—491 und 494—532 vollständig erhaltenen Triumphdaten hat zuerst Bredow den Schluss gezogen, dass bis 531 der Amtsantritt gegen Ende Frühjahrs, wahrscheinlich am 1. Mai erfolgt ist; seine Ansicht, dass dies schon seit 434 der Fall gewesen, widerlegt Mommsen durch Hinweis auf die Triumphtage des J. 474: 1. Februar und 10. Juli; auf Grund derselben Quelle setzt er den Anfang 435—459 in den Herbst und findet von c. 478 an als wahrscheinliche Epoche den 1. Mai, weil die Triumphe der Consuln dieser Zeit, mit Ausnahme dreier wahrscheinlich auf Sommerfeldzüge zurückgehender sämmtlich zwischen 18. Januar (497) und 13. April incl. (502) fallen. Die Betrachtung der geschichtlichen Vorgänge dient dem zur Bestätigung. Die neuen Consuln 499 begeben sich mit Sommers Anfang in den Krieg, Pol. I 36,10 τῆς θερίας ἀρχομένης; ebenso 501, Pol. I 39,1 τῆς θερίας ἐπιγενομένης. und 512, Pol. I 59,6 ἀρχομένης τῆς θερίας. Der Sommer beginnt wie dem ganzen Alterthum so auch dem Polybios (IV 37, 2—3. V 1,1) mit Frühaufgang des Siebengestirns vor Mitte Mai, nach Hipparchos am 12. Mai (Ptolem. φάσ. ἀπλ. Pachon 17).

Die Einführung der neuen Antrittsepoche fällt nicht nach 476. Als Pyrrhos nach Sicilien ging, hatte er 2 J. 4 M. in Italien Krieg geführt, Diod. XXII 8 ἐν Ἰταλίᾳ ἐπολέμησεν ἔτη δύο καὶ μῆνας τέσσαρας: er verliess also Tarent spätestens im Juli 278. Fabricius und Aemilius Papus, die Consuln von 476, waren damals schon im Amt, Eutrop. II 14 interiecto anno contra Pyrrhum Fabricius est missus; ihr Erscheinen im Feld stimmte die Kriegslust des Königs bedeutend herab, Zon. VIII 5 p. 187,9 μαθὼν εἰς τὸ στρατόπεδον ἀφιγμένους οὐκ ἐπὶ τῆς αὐτῆς μεμένηκε γνώμης. Während beide Heere einander unthätig gegenüberstanden,¹) wurde dem Fabricius das Vergiftungsversprechen gemacht, dessen Zurückweisung so berühmt geworden ist, Dio Cass. fr. 36,44. Zon. VIII 5. Eutr. II 14; darauf folgten Verhandlungen über Waffenstillstand, deren Ergebniss der Abgang des Pyrrhos war, Niebuhr III 597; Droysen Epig. 1,164. Der 15. Juli war also jetzt nicht mehr Antrittstag; setzen wir diesen auf den 1. Mai und die Abfahrt des Pyrrhos Anfang Juli, so erhalten wir einen passenden Zeitraum für die gemeldeten Ereignisse.

Im vorausgegangenen J. 475 hat die neue Epoche noch nicht bestanden: denn 474 war am 1. Februar und 10. Juli triumphirt worden.²) Von der Verkürzung, durch welche jene herbeigeführt wurde, ist also das J. 475 betroffen worden. Nach Zonaras VIII 5 rüsteten beide Parteien den Winter 280/79 hindurch (ἐν τῷ χειμῶνι), im Frühling aber (ἔαρος ἤδη ἐνιστα-μένου) fiel Pyrrhos in Apulien ein und gewann viele Plätze, die einen auf gütliche Weise die andern mit Gewalt; als er vor Asculum stand, erschienen die Römer und schlugen ihm gegenüber Lager. Nachdem sie

---

1) Unrichtig lässt Droysen Epig. 1,164 dies seit Frühling 278 stattfinden.
2) Durch die richtige Bestimmung der Antrittsepochen erledigen sich die Bedenken Droysens Epig. 1,158, welcher in der Chronologie des Pyrrhoskrieges überall Unklarheit findet und sich nicht dazu verstehen will, die Schlacht von Asculum in den Herbst zu setzen.

längere Zeit *(ἐπὶ πλείους ἡμέρας)* einander beobachtet hatten, kam es zur Schlacht; nach dieser bezogen die Römer in Apulien Winterquartiere *(εἰς τὴν Ἀπουλίαν ἐχείμασαν)*. Ihre Niederlage bei Asculum hat also im Herbst 279 stattgefunden und sie waren erst im Spätsommer auf dem Kriegsschauplatz erschienen, obgleich Pyrrhos bereits im Frühling aufgebrochen war. Die Ursache davon lag offenbar in der für Kriege ganz unpassenden Jahreszeit des Amtswechsels und wahrscheinlich auch in der Unlust der Consuln von 474, dem schon vor seiner Ankunft (Dio fr. 40,13) gefürchteten, nach seinem Sieg bei Herakleia aber noch furchtbarer scheinenden Feldherrn die Spitze zu bieten. Den Antritt der neuen Heerführer passender zu legen, war im nächsten Jahre um so mehr Anlass, als die Consuln desselben nach der Niederlage, welche sie mit doppelt so grossen Streitkräften als Laevinus gehabt erlitten, die Abkürzung ihrer Amtsdauer nicht übel nehmen durften.

Nach den Niederlagen von 471|283 und 472/282 hielten die Boier, wie Pol. II 21,1 angibt, 45 Jahre lang Ruhe; dann zogen sie, beim nächsten besten Anlass (*ἤρξαντο τραχύνεσθαι ἐκ τῶν τυχόντων πρὸς Ῥωμαίους*) die Gaesaten von jenseits der Alpen ins Land und rückten mit ihnen vor Ariminum; dort aber wurde die Masse der Boier anderen Sinnes, sie empörte sich gegen die Häuptlinge, von welchen die Gaesaten ins Land gerufen worden waren, und es kam zu einer Schlacht zwischen beiden Parteien; die Römer aber, welche unterdess mit Heeresmacht erschienen waren, konnten guter Dinge heimkehren (c. 21, 5—6). Die 45 Jahre des Polybios würden, wenn er römisch gerechnet hätte, in 516/238 oder 517/237 führen; aber die Bedrohung von Ariminum fällt in das Consulat des P. Lentulus und Licinius Varus (Zon. VIII 18), d. i. 518/236. Von dem Boierkrieg der zwei vorhergehenden Consulnjahre weiss Polybios gar nichts: die Ruhe dauert ihm bis zu jenem Ereignis und der Anlass desselben ist ein neuer, es bildet keine Fortsetzung alter Streitigkeiten. Polybios ist jetzt zu einer andern Quelle (wahrscheinlich Seilenos) übergegangen. Der Zug gegen Ariminum fällt nach 1. Mai 236 v. Chr.; aber das 45. Jahr nach dem von Polybios c. 20,6 für den Boierkrieg in Etrurien vorausgesetzten schliesst mit Winters Ende im Februar oder März 236. Die neue Quelle hat, wie oben angenommen wurde, attischen Jahranfang: die letzten Monate von Ol. 135,4. 237/6 fallen mit den ersten von 518 d. St. zusammen (1. Mai bis c. 9. Juli 236). Die Bedrohung von Ariminum bildet in der That bei Zonaras (p. 224, 24—225,10) nicht nur den Anfang der Jahresbeschreibung, sondern es folgen auf sie (p. 225,11—32) noch so viele Ereignisse, dass man jene mit Grund in den Anfang auch des Jahres selbst stellen kann. Ebenso findet die doppelte Erzählung des Polybios von den Rüstungen gegen die Gallier im J. 225 v. Ch. darin ihre Erklärung, dass er sie zuerst bei Seilenos am Ende von Ol. 138,3. 226/5, dann bei Fabius Pictor am Anfang von 529/225 beschrieben las.

532—600 : 15. März 222—154.

Der 15. März wird als Antrittstag zuerst für 637 bezeugt, Liv. XXII
1,4, dann als herkömmliche Epoche L. XXXI 6,1 zum J. 554; ausserdem
gibt er ihn bei 539 543 544 545 551 555 559 566 570 571 574 576
577 583 586 an. Dass diese Epoche 521 noch nicht bestand, zeigt Mommsen
Chron. p. 103 daran, dass der Consul dieses Jahres am 15. März triumphirte; den schon von Bredow erkannten Anfang derselben mit 532 erklärt er dort für mehr als wahrscheinlich; dagegen nach Staatsr. I 579
fällt die Veränderung sicher zwischen 521 und 537, wahrscheinlich 532.
Wir sehen keinen Grund zu solcher Abschwächung der Zeitbestimmung.
Die Wahl des Flaminius und Furius Philus für 531 wurde nachträglich,
als beide schon in Oberitalien standen, für ungültig erklärt; sie dankten
jedoch nicht eher ab, als bis sie eine Schlacht gewonnen und, wider den
Willen des Senats aber mit Genehmigung des Volks, am 10. und 12. März
triumphirt hatten. Darnach mussten sie (unter dieser Bedingung war die
Genehmigung ertheilt worden) das Amt niederlegen, Plut. Marc. 4 ὁ δῆ-
μος μικροῦ μὲν ἰδίῃσιν ἀποψηφίσασθαι τὸν θρίαμβον αὐτῷ (dem Flaminius),
θριαμβεύσαντα δὲ ἰδιώτην ἐπώμοσεν ἀναγκάσας ἐξομόσασθαι τὴν ὑπατείαν
μετὰ τοῦ συνάρχοντος; Zon. VIII 20 τὸ πλῆθος ἐψηφίσαντο τὰ νικητήρια
καὶ ἀγαγόντες αὐτὰ ἐξέστησαν τῆς ἀρχῆς. Dem entspricht es, dass Polyb.
II 34,3 den Sommeranfang (vor Mitte Mai) erst einige Zeit nach Beginn
des J. 532 erwähnt.

Nach Mommsen Chron. p. 102; Staatsr. I 578 wäre, da seit 454 kein ‚Fülljahr' mehr vorkommt, wahrscheinlich schon der 1. Mai gesetzlich fixirter Amtstag
gewesen; durch die seitdem bestehende Uebereinstimmung zwischen Amts- und Kalenderjahr habe ein Deficit in der Beamtenliste nicht mehr entstehen können. Abgesehen von der Unhaltbarkeit jener Annahme von Fülljahren ist hiegegen zu erin-
nern, dass oben zwischen 454 und 476 zwei gegen die behauptete Uebereinstimmung
sprechende Veränderungen nachgewiesen worden sind. Den 15. März erklärt derselbe
Gelehrte Chron. p. 103 für einen jedenfalls rechtlich feststehenden Termin, weil er
trotz des Todes der Consuln v. 546 im Amt und trotz der Interregnen 537,8 und
und 552/3 festgestellt worden sei; als neuer Beweis wird Staatsr. I 79 (vgl. Chron.
p. 82) hinzugefügt, dass 592 beide Consuln nach ihrem Abgang in die Provinz abdankten, ihren Nachfolgern aber nicht ein neues Jahr sondern der Rest des alten
berechnet wurde. Es war aber schon 310 und 361 vorgekommen, dass nach Abdankung wegen vitioser Wahl ähnlich wie nach dem Interregnum die neuen Consuln
bloss den Rest des Jahres erhalten. Im Jahre 546 wurden die Consuln Marcellus

und Quinctius Crispinus aus einem Hinterhalte überfallen und jener getödtet, dieser schwer verwundet; Crispinus starb an den Folgen der Wunde zu Ende des Jahres (exitu anni Liv. XXVII 33), nachdem er einen Wahldictator ernannt hatte. Auch Marcellus war vermuthlich nicht lange vorher gestorben: denn man dachte (ähnlich wie 405) nicht daran, ihm einen Nachfolger zu geben: als Crispinus seinen Tod und die eigene Kampfunfähigkeit meldete, erhielt er die Weisung den Wahldictator zu ernennen. Die zwei erwähnten Interregnen traten beide nach Ablauf des alten Jahres ein (Liv. XXII 33,1. XXX 39,5) und wenn, wie es der Fall war, der Antrittstermin nach wie vor auf den 15. März fiel, so bestätigt dies eben nur den Satz, dass das Interregnum einen Theil und zwar den Anfang des neuen Amtsjahres gebildet hat.

601 : 1. Januar 153.

Dass der 1. Januar mit 601 Amtsneujahr wurde, bezeugt Liv. epit. XLVII (quod Hispani rebellabant), Verrius Flaccus kal. Praen. zum 1. Januar und Cassiodor zum J. 601 (propter subitum Celtiberiae bellum).

In (oder um) dieses Jahr setzen wir die gesetzliche Regelung des Antrittstermines, durch welche dieser ein für allemal auf dem bestehenden Tage festgehalten wurde. Die Ueberlieferung schweigt hierüber gänzlich. Dass die für wiederholte frühere Akte dieser Art beigebrachten Gründe unzulänglich sind, ist gezeigt worden; auch von vorn herein kann es nicht wahrscheinlich gefunden worden, dass, wenn einmal zur gesetzlichen Fixirung der Antrittsepoche geschritten wurde, nach den Erfahrungen welche man bei dem vielfältigen Hin- und Herschwanken derselben in früherer Zeit gemacht hatte, verabsäumt worden sei, sie in dauerhafter Weise zu ordnen und einen Termin zu wählen, bei welchem es für immer sein Verbleiben haben konnte. Auf den 15. Juli z. B. wäre bei einer gesetzlichen Regulirung der Amtsantritt sicher nicht verlegt worden; auch vom 1. Mai ist das zu bezweifeln. Der eigentliche Grund, welcher zu der Annahme einer früheren Fixirung führte, war nur der Umstand, dass noch in diesen letzten Perioden Erscheinungen vorkamen, welche den Consequenzen der herkömmlichen Interregnentheorie widerstreiten. Aber das eigentliche Kennzeichen der fixirten Amtsepoche, die Festhaltung derselben im Fall vorzeitigen Abgangs eines rechtsgültig gewählten Amtscollegiums ist vor 601 nicht nachzuweisen. Ebenso wenig sind Spuren einer mit der Fixirung des Antritts zusammenhängenden und verwandten Gesetzgebung in der Zeit der zuletzt vorhergehenden Aenderungen desselben aufzufinden; wohl aber, und darauf dürfte kein geringer Werth zu legen sein, bei dieser letzten. Die lex Aelia und lex Fufia, welche die Obnuntiation regelten und dadurch die Beamtenwahl vor Störungen sicherten, entstanden zu ihrer Zeit, entweder in demselben Jahre oder in einem der nächsten, Cic. Pis. 5,10 centum prope annos (bis 696) legem Aeliam et Fufiam tenueramus: von 601 bis 696 sind in der That fast hundert Jahre. Da Livius (aus dem auch Cassiodor seine Angabe geschöpft hat) nur von einem zufälligen Anlass der Einführung des 1. Januar im J. 601 spricht, so scheint es uns, dass erst nachträglich, in den nächsten Jahren, man auf den Gedanken gekommen ist, diese Epoche für immer festzuhalten; ähnlich wie der Wiedereinsetzung des Volkstribunats im nächsten Jahr die gesetzliche Fixirung seiner Antrittsepoche folgte.

Stadtjahre mit neuer Antrittsepoche.

			v. Chr.			v. Chr.
245	L.	Jan.	498	421	Frühling	326
261	L.	Okt.	483	422	L. Juli	326
275	L.	August	469	430	Herbst	319
292		Juni	452	431	15. März	318
303	15.	Mai	441	434	Herbst	316
305	13.	Dec.	439	440	Frühling	310
353	L.	Okt.	391	445	Spätsommer	306
354		Sommer	390	446	L. Dec.	306
358	13.	Dec.	387	453	Spätsommer	299
363	L.	Juli	382	454	L. Dec.	299
367	L.	Mai?	378	461	April	292
384	13.	Dec.	362	470	15. Juli	284
393		Herbst	353	476	L. Mai	278
405	L.	März	341	532	15. März	222
414		Herbst	333	601	L. Jan.	153.